Gert G. v. Harling

Mit Buchenblatt und Büchse

Von den Träumen und Erlebnissen eines Rehbockjägers

Mit 30 Abbildungen auf 15 Tafeln

Verlag Paul Parey · Hamburg und Berlin

Für meine Mutter

Die Deutsche Bibliothek – CIP-Einheitsaufnahme

Harling, Gert G. von:
Mit Buchenblatt und Büchse: von den Träumen und
Erlebnissen eines Rehbockjägers / Gert G. v. Harling. –
Hamburg; Berlin: Parey, 1991
ISBN 3-490-02211-4

Die Fotos auf den Tafeln gegenüber den Seiten 16, 49, 80 oben, 113 oben und 128 stammen vom Verfasser. Alle anderen Bilder fotografierte Burkhard Winsmann.

 Anschriften: Spitalerstraße 12, D-2000 Hamburg 1; Seelbuschring 9–17, D-1000 Berlin 42. *Satz:* Dörlemann-Satz GmbH, Lemförde. Printed in Germany. *Druck:* Westholsteinische Verlagsdruckerei Boyens & Co., Heide/Holstein. *Buchbinderei:* Hunke & Schröder, Iserlohn. *Einbandgestaltung:* Atelier Buchholz/Hinsch/Hensinger, Hamburg, unter Verwendung eines Farbbildes von Burkhard Winsmann.

ISBN 3-490-02211- 4

Inhalt

Frühjahrsböcke

Um die Blattzeit

Herbst

Frühjahrsböcke

Pürschgang zwischen Winter und Frühling

An eine Erle gelehnt, sitze ich auf dem Jagdstock, atme den Geruch frischer Erde tief ein und lausche mehr in mich hinein als in die wirkliche Welt. Ich träume von Rehböcken, obwohl die Jagdzeit auf sie erst in einem knappen Vierteljahr beginnt. Drüben klopft unermüdlich der Buntspecht an einer alten Buche. Plötzlich streicht – wie ein Waldgeist – auch noch sein großer, schwarzer Vetter mit starkem, weit ausholenden Schwingenschlag in Spechtmanier über die vor mir liegende Blöße. Mit fröhlichem, nach Lachen klingendem Ruf scheint der Schwarzspecht seiner Freude Ausdruck zu geben, daß der Bann des Winters bald gebrochen sein wird. Kurze Zeit später dröhnt auch sein Hämmern von einer hohen Fichte durch den Wald. Ein Dompfaff hüpft über mir auf einer Erle von Ast zu Ast, von Knospe zu Knospe, und bringt noch mehr Leben und Farbe in das Landschaftsbild. Gestern waren noch einmal einige Schneeflocken gefallen, aber die wärmende Sonne hatte sie am Boden nicht lange geduldet.

Ein krächzender Ruf schreckt mich aus meinen Gedanken: Markwart – der Eichelhäher, in dieser trüben, „jagdarmen" Zeit eine farbenfrohe Beute! Bevor der Drilling mit dem Einstecklauf von der Schulter gleitet, haben die dichten Fichtenzweige den bunten Krakeeler jedoch wieder verschluckt.

Gespannt, das Gewehr schußbereit in der Hand, folge ich ihm und krieche auf einem ausgetretenen Wechsel in die Dikkung. Hier, wo die Sonne mit ihren verheißungsvoll warmen Strahlen nicht eindringen kann, ist es kühl. An einigen Stellen liegen, wie vergessen, letzte Schneereste, der Boden ist teilweise sogar hartgefroren. Die Entscheidung, ob der Winter endgültig weichen muß, ist hier im Dämmerlicht der jungen Fichten noch nicht gefallen.

Der Häher bleibt mir in den dichten Baumkronen so verborgen, daß ich ihn trotz anstrengender Suche nicht ausmachen kann. Als mir die Augen zu tränen beginnen, gebe ich schließlich auf. Wieder einmal, wie so oft, war Markwart schlauer als ich.

Halb enttäuscht, halb belustigt wende ich meinen Blick auf den vor mir liegenden Wechsel, in der Hoffnung, eine Abwurfstange zu finden. Hier entdeckte meine passionierte Schwägerin zur gleichen Zeit im letzten Jahr die Stange eines Vierzehnenders, vom Wild tief in den anmoorigen Boden getreten, vom Wetter gebleicht und von Mäusen angeknabbert. So früh im Jahr hatten alte Hirsche ihren Kopfschmuck schon abgeworfen. Leider konnte ich während der vorjährigen Brunft und auch danach an der gut angenommenen Futterstelle keinen solchen Veteranen bestätigen. Dafür aber beobachtete ich einige Rehböcke, die bereits recht vielversprechend geschoben hatten.

Bis zu der mir seit Jahren bekannten Suhle, deren Ränder noch vom Eis bedeckt sind, arbeite ich mich vor, bevor ich klitschnaß zurückkrieche. Am Dickungsrand empfängt mich wieder helles Tageslicht. Genüßlich lasse ich mir einen Augenblick die inzwischen wärmer gewordene Sonne auf die nasse Kleidung strahlen. Ohne Bewegung ist es empfindlich kühl, und so setze ich meine Pürsch zwischen Winter und Frühling fort. Es geht zur nahen, jetzt nicht mehr beschickten Fütterung, an der sechs Rehe vertraut die Sonne genießen.

Wenn es mit dem Geschlechterverhältnis im ganzen Revier so stünde, wäre der Idealfall erreicht, denke ich erfreut, nachdem mir ein Blick durch das Glas zwei ältere Ricken, ein Schmalreh und drei jüngere Böcke bestätigt. Einer von ihnen prahlt mit seinem Bastgehörn auffallend gegenüber seinen beiden schwächeren Begleitern. Zwar hat er nicht, wie man häufig liest, handbreit über die Lauscher geschoben, denn so etwas gibt es in unseren kargen Heiderevieren kaum, hat aber doch vielversprechend hoch auf. Ein weiteres Reh zieht hinzu, ein Bockkitz mit nur kleinen Erhebungen vor den Lauschern, bestätigt der Blick durch das Fernglas. Auch im Wildbret wirkt es weitaus schwächer als der Rest des Sprunges. Ich genieße geraume Zeit den Anblick des Wildes und hoffe, daß der Kümmerer auch noch Mitte Mai hier stehen wird.

Als erstes Frühlingszeichen flötet ein Amselhahn, nach den langen, trüben, kalten Tagen noch etwas verloren, aber doch so wohltuend und voller Inbrunst sein Lied. Unverhofft gleitet er zur Erde, um in eiligen Sprüngen zwischen den frisch aufgeworfenen Maulwurfshügeln hindurch auf Würmersuche zu gehen.

Ein Weidenbusch auf der linken Seite des feuchten Weges erweckt sodann meine Aufmerksamkeit. Spaziergänger haben sich Weidenkätzchen, einen der ersten natürlichen Nahrungsspender für die bald aus dem Winterschlaf erwachenden Bienen, als Zimmerschmuck abgeschnitten. Enttäuscht betrachte ich die zartgrünen knospigen Stümpfe. Wie kann man gerade beginnendes Leben so unüberlegt und eigensüchtig vernichten und den bald fliegenden Bienen die dringend benötigte Lebensgrundlage rauben? Die Natur hat einen immer schwereren Kampf gegen menschliche Torheiten zu führen. Wie lautet der recht pessimistische Spruch, den ich kürzlich las und der leider allzuviel Wahrheit enthält? »Der Mensch schreitet über die Erde – ihm folgt die Wüste!«

Vor mir liegt ein Büschel Wolle! Die Rammler haben sich offenbar wegen einer Häsin in der letzten Nacht arg zugesetzt. Dem Hasen wird von allen Wildarten wohl am meisten nachgestellt. Ihn wollen bekanntlich alle, alle fressen, Meister Lampe aber konnte wieder einmal Feinden und Winter widerstehen. Hoffentlich gelingt dies seiner Sippe immer wieder. Gilt er nicht bei vielen Völkern als Symbol der Fruchtbarkeit und des Lebens?

Während die kleinen Wollflocken vom leichten Wind vor mir hergeweht werden und im dichten, trockenen Himbeergerank am Wegrand hängenbleiben, gehen meine Gedanken zu dem Sprung Rehwild an der Fütterung und zu dem schwachen Bock mit den kümmerlichen Gehörnchen, eigentlich nur noch Knöpfen, zurück.

Ich freue mich zwar an einem guten Sechsergehörn normalerweise mehr als an einem Knopfer. Doch wie arm sind diejenigen, die tausende von Mark ausgeben, um im Ausland eine starke Trophäe zu erbeuten, jedoch kaum willens sind, in heimischen Revieren morgens um drei Uhr aufzustehen, um in der freien Natur mit all ihren Geheimnissen, menschlichen Unwägbarkeiten und Schönheiten eine vielleicht auch nur geringe Chance zu nutzen, einen Knopfbock zu erlegen.

Viele Laien und auch manche Jäger, oder solche die sich dafür halten, betrachten das Waidwerk ja nicht als Ganzes, sondern beschränken sich, wenn sie von der Jagd sprechen, lediglich auf den Abschuß des Wildes oder das Erbeuten einer starken Trophäe. Gewiß resultiert hieraus ein Teil der Fehlinformationen breiter Bevölkerungskreise und der tiefere Ursprung jagdfeindlicher Bestrebungen in der Öffentlichkeit. Die übertriebenen Zahlen sowie die nicht seltene Überbewertung von Trophäen haben der Jagd und den Jägern in der Vergangenheit zweifellos arg geschadet.

Jagen ist für mich aber mehr als nur Schießen oder Trophäensammeln. Ich jage, wie auch schon meine Väter, aus Freude. So wie ein Künstler sich über ein gelungenes Werk, ein Kaufmann über einen erfolgreichen Geschäftsabschluß und ein Bauer über eine reiche Ernte freut, so freue ich mich, wenn ich jagen darf und bin besonders dankbar, wenn ich auch noch Erfolg habe. Meine Freude über ein erlegtes Stück Wild wird in erster Linie von den Begleitumständen bestimmt, die zur Erbeutung führten, nicht aber von der Stärke des Gehörns oder Geweihes, die viel zu häufig und voll Stolz als Trophäen, das ursprünglich griechische Wort bedeutet Siegeszeichen, bezeichnet werden.

Jagd, nicht nur auf den Rehbock, ist für mich auch Sport. Aber nicht Schießsport auf lebende Ziele oder eine Freizeitbeschäftigung, bei der sportliche Leistungsgesichtspunkte vorherrschen. Die Jagd ist nicht Sport als Selbstzweck, ohne Bindung an Naturerleben und ohne Rücksicht auf ökologische, natur- und tierschützerische Belange.

Die Jagd aber als körperliche Herausforderung im schwierigen Gelände bei ungünstigen Witterungsverhältnissen, bei der alle fünf Sinne wie sonst nirgends im Leben mehr bei einem modernen Kulturmenschen eingesetzt werden müssen, um das Wild zu überlisten, diese Jagd liebe ich. Dann spielt es letztendlich keine Rolle, ob es ein Kümmerer oder ein Starker war, dem man lange Zeit unter schlechtesten, vielleicht sogar extremen Bedingungen nachgestellt hatte, oder, wenn es einem ganz bestimmten Rehbock galt, man für ihn manchen anderen hat laufen lassen. Mit dem vergossenen Schweiß wächst auch die Erinnerung an die Erlegung.

Allerdings wächst mit dem Inhalt des Geldbeutels heute nicht selten lediglich die Stärke der Trophäe und vielleicht gar das Ansehen des jeweiligen Erlegers, zumindest im Kreise seiner nicht allzu fachkundigen, aber gleichgesinnten Jagdfreunde. – Ein hochkapitales Rehgehörn in einem Nachbarland erbeutet, sagt meistens weniger über den Erleger aus als ein schwacher, aber uralter Abschußbock an der Wand eines passionierten Jägers in der Lüneburger Heide.

Ich selbst stufe meine rund 250 bisher erbeuteten Rehgehörne nach dem Erlebniswert und auch nach dem Schwierigkeitsgrad der Erlegung ein. Warum sollte der schwache Jungbock nicht trotz kümmerlichen Kopfschmuckes eine besondere jägerische Herausforderung bedeuten?

Das Messer am Erdbeergraben

Im Sommer und im Frühherbst beobachtet man die Mümmelmänner noch zahlreich beim morgendlichen Pürschgang, beim abendlichen Ansitz oder bei nächtlicher Autofahrt im Lichtkegel des Scheinwerfers. Je mehr sich aber das Jahr dem Ende zu neigt, desto unsichtbarer wird Lampe, und wenn es auf Weihnachten zu geht, sind es meist nur noch einige, die man dann allerdings mit ziemlicher Regelmäßigkeit entweder bei schwindendem Büchsenlicht auf stets denselben Pässen beobachtet oder, wenn Schnee liegt, zumindest spürt. Die meisten scheinen aber bis zum Spätwinter oder manchmal zum zeitigen Frühjahr, wenn bei uns die Rammelzeit beginnt, wie vom Erdboden verschluckt zu sein. Woher die Mümmelmänner dann wieder kommen, wo sie in den langen Winternächten geblieben sind, ich weiß es nicht.

Natürlich hat eine großangelegte Gesellschaftsjagd auf dieses liebenswerte Wild ihre Reize, aber diese lauten Jagden werden weniger bei uns in der Heide; die Hasenbesätze lassen das vielerorts nicht mehr zu. Spannender, viel intensiver und damit bleibender für mich ist oft das Erleben beim abendlichen, verträumten Ansitz auf einen Waldhasen.

In der „Horst“ spürte ich immer wieder, wenn ich nach den Marderfallen schaute, Hasen. Besonders an der „Erdbeerbahn“ waren die Spuren verhältnismäßig zahlreich. Zwei Abende hatte ich schon auf der Kanzel an eben dieser Bahn verbracht, aber außer einer Ricke mit ihrem starken Kitz kein Wild beobachtet. Trotzdem sitze ich wieder auf dem Sitz und lausche in den ruhigen Vorweihnachtsabend.

Hinter mir bot einige Jahre nach dem Sturm eine große Windwurffläche lange Zeit ein untypisches Bild in diesem Revier. Weidenröschen leuchteten im Sommer, ein ungewöhnlicher Anblick in der Monotonie der ausgedehnten Kiefernwälder. Aber auch frisches Grün sorgte für abwechslungsreiche Äsung für alles Wild, und die großen aufgeworfenen Wurzelteller der vom Sturm gefällten Baumveteranen sowie deren Überreste boten allerlei Vögeln Nistmöglichkeiten, sorgten für Dekkung und gaben Fuchs und Hase gleichermaßen Unterschlupf. Langsam aber gleicht die Natur wieder aus, was ihr der Orkan seinerzeit an Wunden geschlagen hat.

Links von mir, auf der anderen Seite der „Erdbeerbahn“, haben sich die brauntrockenen Farnkrautwedel locker über die gepflanzten Fichten gelegt, als wollten sie ihnen Schutz vor Schnee und Frost bieten. Man glaubt nämlich, daß so die Natur dem aufstrebenden Leben dieser werdenden Bäume hilft in dem ständig sich wiederholenden Kreislauf von Werden und Vergehen. Aber nicht nur die jungen Bäume, auch Hasen und andere kleinere Tiere ziehen ihren Nutzen daraus. Die Spuren, die ich im Schnee, der erst vor wenigen Tagen wieder getaut war, fand, gaben beredtes Zeugnis davon. Goldhähnchen höre ich zwar in den nahen Fichten wispern, aber zu Gesicht bekomme ich die kleinen Gesellen trotz eifrigen Suchens mit dem Glase nicht.

Dieser Sandweg hat seine Bezeichnung nach einem kleinen, in Richtung Örtze plätschernden Bach, Erdbeergraben genannt. An diesem pflückten wir früher so manchen Korb köstlicher Walderdbeeren für eine schmackhafte Bowle. Der Graben, der dunkles, mooriges Wasser führt, friert nur in sehr strengen Wintern zu, und oft beobachte ich hier Wasseramseln und vor allem Zaunkönige, die zwischen den aus der zum Teil sehr hohen Böschung herausragenden Wurzeln nisten. Aufgeregt, mit steil nach oben zeigendem Schwanz schimpfen sie eindringlich, wenn ich am Graben entlang versuche, Wild anzupürschen und dabei in die Nähe eines ihrer kleinen, kunstvoll gebauten Nester gerate.

In dem raumen Kiefernaltholz, das den Erdbeergraben auf beiden Seiten säumte, stand früher eine Kanzel, die besonders während der Rotwildbrunft stets als erfolgversprechend galt. Manchen Hirsch erlegte ich von dort, und in einigen Jahren erfüllte ich allein von dieser Kanzel einen großen Teil des Kahlwildabschusses, wenn die kopfstarken Rudel von weit her zu den Örtzewiesen oder den Feldern nahe des Dorfes zogen. Schwarzwild kam seltener in diese heimliche Ecke des Reviers, aber immer wieder waren hier alte Böcke zu beobachten, die, um die Rotwildeinstände nicht zu beunruhigen, kaum bejagt wurden.

Am Ufer des Erdbeergrabens entlang führte ein alter, regelmäßig angenommener Fuchspaß. Eine breite Eichenbohle diente als Steg über das Wasser bis zur Kanzel, und im Winter stand darauf normalerweise eine große Kastenfalle, in der sich Marder, Iltisse, manchmal ein Fuchs und ganz selten auch einmal verwilderte Hauskatzen fingen. Die Kanzel war auf einem leidlich sauberen Pürschpfad, der zumeist durch lockeres Kiefern- und Fichtenaltholz führte, ohne größere Schwierigkeiten bequem zu erreichen und ohne bereits auf den Läufen befindliches Wild nennenswert zu stören.

Dann kam der große Sturm des Jahres 1972 und warf das Altholz auf beiden Seiten des Erdbeergrabens um. Eine große Blöße entstand, und nur einige Erlen blieben am Ufer stehen. Die weiträumigen Einstandsgebiete des Rotwildes wurden unterbrochen, die Hirsche unstet, und seither gilt mein Augenmerk auch dort wieder mehr dem Rehwild.

Plötzlich fahre ich zusammen. Es war mucksmäuschenstill bisher, wohltuende und doch angespannte Ruhe herrschte um mich herum, aber nun klingt ein Rascheln aus der Richtung, in der die Sonne letzte Helligkeit vom dämmernden Himmel strahlt. Angestrengtes, doch behutsames Ableuchten des Bodens mit dem Glas bringt schließlich Gewißheit. Ein Eichelhäher hockt dort im braunen, dürren Buchenlaub, stochert mit dem Schnabel in der Erde, macht ein paar hüpfende Sprünge, sichert und sucht dann lautstark weiter – wahrscheinlich nach von ihm versteckten Eicheln oder Bucheckern. Schließlich streicht er davon.

Dunst kommt auf. Der Ruf eines Schwarzspechtes, wehmütig und fast verloren wirkend, klingt zu mir herüber, unterbricht kurz die Ruhe dieses trüben Dezemberabends. Dann streicht der schwarze Geselle mit der roten Kopfhaube in dem für ihn typischen Wellenflug an meinem Sitz vorüber, ist wieder von den dunklen Fichten verschluckt, und ich bin mit meinen Gedanken erneut allein.

Gelegentlich „besuchte" mich ein Waldkauz in dieser Stunde der Uhlenflucht hier auf diesem Sitz und stand auf mein Mäuseln zu, und einmal fußte er sogar auf der Brüstung der Kanzel, bemerkte mich aber kurz darauf und glitt fast unhörbar wieder in die Stille fort. Aber heute bleibe ich allein – absolute Stille. Das Licht wird immer schwächer.

Doch da, irgendein Stück Wild nähert sich meinem Sitz, verhofft aber wohl vierzig Gänge entfernt im dunklen Bestand. Kein Geräusch mehr. Die Stille ist nicht mehr so beruhigend und entspannend. Meine Sinne sind gereizt, mein Geist ist hellwach. Minuten vergehen. Ich lehne mich zurück und entspanne mich wieder. Doch dann erneut dieses Rascheln im dürren Laub. Ein wirkliches, nicht von überreizten Sinnen vorgetäuschtes Tappen. Der Urheber kann nur ein Hase sein – wahrscheinlich ein „alter Hase" im wahrsten Sinne des Wortes.

Vermutete ich anfangs noch einen Marder, bin ich mir meiner Sache nun sicher. Kaum spürbar streicht der Wind durch die Zweige der hohen Fichten. Da – wieder dieses Geräusch, nur schon viel näher, aber noch immer im Schutz des Hochwaldes, der zu dieser fortgeschrittenen Stunde kaum mehr Licht durch seine dichten Kronen auf den Erdboden dringen läßt. Wird das Büchsenlicht noch reichen für einen sicheren Schuß, wenn Lampe die sichere Deckung verläßt? Bange Minuten vergehen. Mit dem lichtstarken Glas leuchte ich immer wieder den Waldrand und die Erdbeerbahn ab, bis vom angestrengten Starren meine Augen zu tränen beginnen.

Wahrscheinlich erscheint der Hase gleich auf der vergrasten

Böschung der Erdbeerbahn. Hier findet er als Feinschmecker trotz fortgeschrittener Jahreszeit gewiß noch vereinzelt Kräuter und Gräser, willkommene Abrundung seines Speiseplanes, denn in den angrenzenden Nadelbaumkulturen ist die Äsung nicht nur für ihn knapp und einseitig.

Langsam beginne ich wieder zu zweifeln. Entweder hat der Hase sich heimlich davongestohlen, oder es war doch ein Marder, der nun aufgebaumt ist, oder aber meine Nerven haben mir einen Streich gespielt. Das Büchsenlicht schwindet. Gewiß nur noch wenige Minuten reicht es für einen sicheren Schuß, dann kann ich abbaumen und nach Hause gehen. Ein wenig resigniert lehne ich mich zurück, lausche in die Dunkelheit und beginne leise, meine Siebensachen zu packen. Auch wenn ich nichts Außergewöhnliches gesehen habe außer dem bunten Häher und dem Specht, war es ein schöner spannender Abend.

Während ich noch meinen Gedanken nachhänge, wieder dieses Tappen, und zwanzig Gänge vor mir, dort, wo ich insgeheim damit gerechnet habe, eine Bewegung. Durchs Fernglas erkenne ich einen Hasen. Gerade macht er einen Kegel und sitzt still am Rand der Bahn, sichert in die Runde, spielt dabei mit den Löffeln, derweil ich behutsam das Fernglas mit dem Drilling vertauscht habe. Fürs Jagdfieber ist keine Zeit mehr.

Zwei kurze Hoppelsprünge macht er in meiner Schrotgarbe noch von mir fort, wie ich durch das Zielfernrohr erkenne, dann sinkt er zur Seite. Noch geblendet vom grellen Mündungsfeuer, noch ein wenig gehörbeeinträchtigt vom lauten Knall, sehe ich weiß leuchtend die Unterseite seines sonst braunen, schlichten Balges als kleinen Kontrast zum dunklen Waldboden schwach zu mir herüberleuchten.

Bald steige ich von der Leiter, nehme ihn auf, streiche über den schrotzerzausten Balg und mache mich zufrieden und glücklich auf den Heimweg, während in der Ferne ein Reh schreckt, als ob es sich über die Störung des ruhigen Winterabends beschweren will.

Mein Elternhaus in der Südheide und ein Blick in die Diele

Ein in hohen Fluchten zustehender Rehbock ist die Freude jedes Blattzeitjägers

In dem wild wuchernden Brombeer- und Himbeergestrüpp auf dem Windwurfschlag beobachte ich später mehrfach einen Bock mit einem recht ungewöhnlichen, ja abnormen Gehörn. Während die linke Stange als ganz normaler Spieß gewachsen ist, knickt die rechte kurz über dem Rosenstock nach hinten so ab, daß sie nur zu sehen ist, wenn der Bock breit steht. Äugt er einen jedoch direkt an, oder steht er spitz von hinten, sieht er aus wie ein Einstangenbock. Der Abnorme scheint ziemlich alt zu sein. Immer wieder, wenn es meine Zeit erlaubt, stelle ich ihm nach.

Als wohl erfolgversprechendste Möglichkeit bietet sich der Erdbeergraben an, in dem ich fast lautlos und für Wild durch die hohe Böschung unsichtbar, vorankommen kann. Mehrfach schon war ich barfuß nach Indianerart den eisigen Wasserstrom entlanggeschlichen und kam auch verschiedentlich auf gute Schußentfernung an den Bock heran. Stets stand er aber dann derart verdeckt, daß ich nicht schießen mochte, weil es das Geschoß verschlagen hätte, und den Gefallen, auf eine Blöße zu ziehen, tat er mir nicht.

Stehend freihändig ist der Träger eines Rehs auf sechzig bis siebzig Gänge ein sehr kleines Ziel. Zwar gibt mir der dichte Bewuchs genug Deckung, aber ebenso verdeckt das fast undurchdringliche Gestrüpp auch den Bock. Da steht er zwar wieder vor mir auf wohl achtzig Gänge, aber nur schemenhaft wie hinter einem grünen Schleier auszumachen. Er hat mich nicht bemerkt, zieht langsam Richtung Hochwald, und nur die sich ab und zu bewegenden Brombeerzweige bedeuten mir schließlich, daß der Bock noch dort ist. Doch der Stumpf einer gefällten, dicken Kiefer, wenige Meter vor mir, läßt Hoffnung in mir aufkommen. Auf allen vieren robbe ich zu dem Rest des einstigen Baumriesen und hocke mich auf die glatte Schnittfläche. Als ich den Bock immer noch nicht freihabe, erhebe ich mich vorsichtig, die Büchse im Anschlag, und habe annähernd die Stelle, an der der Ersehnte äst, im Absehen.

Der Bock bemerkt mich nicht. Ab und zu bekomme ich auch

ein Stück seines Trägers oder ganz kurz Teile seines Blattes frei, aber entweder steht er falsch, oder aber ich bin nicht ruhig genug. Hier ein Blättchen naschend, dort kurze Zeit von den Kräutern am Waldboden äsend, zieht er ständig nahezu völlig verdeckt auch diesmal langsam von mir fort und entschwindet schließlich völlig meinen Blicken, so daß ich, zum ich weiß nicht wievielten Male, erfolglos den Heimweg unter die Füße nehme. –

Wenige Tage später steht der Bock wieder mitten auf der Fläche, ist aber nur ab und zu klar auszumachen. Ich schleiche mit hochgekrempelten Hosen durch das eisige Wasser des Erdbeergrabens, verlasse wegen der spitzen Steine das Bachbett mit ziemlichen Schmerzen an meinen Fußsohlen und bewege mich in die Richtung, in der ich den Bock beobachtete. Dieses Mal habe ich angesichts der Mißerfolge in den vergangenen Tagen einen Zielstock bei mir. Wieder nehme ich die Tortur des Kriechens mannhaft auf mich. Stachelige Zweige dringen mir in den Kragen, Dornen piken in meinen Hals, Kiefernnadeln stechen in Beine und Arme. Unliebsame Bekanntschaft mache ich mit sperrigen Ästen, hemmendem und zerrendem Beerengerank und allerlei Krabbeltieren im dichten Bewuchs des Waldbodens.

Der Bock fühlt sich offenbar recht sicher, ich mich aber auch. Ich erreiche nach einer schweißtreibenden Viertelstunde den großen Baumstumpf und stelle fest, daß der Bock in der Nähe jener Stelle steht wie an den Tagen vorher. Eine weitere, bange Viertelstunde vergeht. Dann habe ich am Zielstock angestrichen und ein kleines Stück des Trägeransatzes im Zielfernrohr. Im Schuß bricht der Bock wie vom Schlag getroffen zusammen und ist im dichten Beerengestrüpp verschwunden. Gekrellt?

Ich suche, finde meine Beute aber nicht sofort, hole erst meine Schuhe, nachdem ich mir meine nackten Beine auf der Suche nach dem Anschuß noch mehr zerkratzte, und erst nach weiterem längeren Umherkriechen stehe ich schließlich vor ihm. Der Bock ist über fünf Jahre alt und trägt – wie vorher angesprochen – einen wirklich ungewöhnlichen Kopfschmuck. Mit der direkt über der Rose abgeknickten Stange ein eigenartiges, darum interessantes Gehörn. Frohen Mutes gehe ich nach dem Aufbrechen zum Erdbeergraben, wasche Hände und Messer im klaren Wasser, setzte mich dann an den Gestreckten und genieße meinen Erfolg und die herrliche Abendstimmung.

Als mich das Rufen des Steinkauzes aus den angrenzenden Eichen aus meinen Träumen reißt und ich mich auf den Heimweg machen will, vermisse ich mein Messer, mit dem ich den Bock aufgebrochen habe. Erst suche ich noch mit dem Auge, dann, als es völlig dunkel ist, taste ich den Waldboden weiträumig um die Stelle ab, an der ich aufgebrochen habe, ohne Erfolg. Ein wenig bedrückt – das Messer war das Geschenk eines guten alten Freundes – gebe ich schließlich auf, schultere meine Beute und wandere nach Hause. Eine intensive Suche nach dem Messer am nächsten Tag bleibt leider auch erfolglos. Einige Tage später begebe ich mich noch einmal an den Ort des Geschehens, durchkämme erneut den zum Teil dichten Waldboden rund um den Anschuß, aber das Messer bleibt verschwunden.

Im nächsten Winter steht wieder eine Kanzel auf der Bahn am Erdbeergraben. Ich erlege von ihr aus zwei Füchse, zwei ältere, nicht führende Ricken, ein schwaches Kitz sowie zwei Überläufer. Nach diesem so vielversprechenden Anfang freue ich mich auf den sechzehnten Mai, um die Erfolgssträhne von diesem Sitz aus fortzusetzen. In den Örtzewiesen, dort wo der Erdbeergraben in den kleinen Heidefluß mündet, hatte ich mehrfach einen alten Bock beobachtet, der mit einer Ricke morgens, bald nachdem es hell wurde, im Wald verschwand. Nach meinen Vermutungen zog er über die Fläche am Erdbeergraben.

Dann ist es soweit. Am siebzehnten Mai hocke ich schon frühmorgens auf der Kanzel. Übermüdet erwarte ich die ersten wärmenden Sonnenstrahlen; am Vorabend war es spät geworden. Ich war lange nicht zu Hause gewesen, und so gab es genug Gesprächsstoff zwischen meinem Bruder und mir. In erster Linie ging es, wie sollte es auch anders sein, um die Jagd und speziell um Rehböcke. Was war aus dem starken Sechser von den Bruchwiesen geworden, der im letzten Jahr dort regelmäßig austrat, und wurde der verbogene Schwarze von Rübkes Weide schon wieder gesehen? Die Zeit verging wie im Fluge.

Nun sitze ich also müde auf der Kanzel und hoffe auf den Bock von den Örtzewiesen. Rehwild schreckt. Auf den Wiesen liegt noch dichter Nebel, es ist feucht und kühl. Langsam weicht die Dunkelheit dem neuen Tag, und das Konzert der jubilierenden Vögel beginnt. In der Ferne bellt irgendwo ein Hund. Auf der Örtze rufen Stockenten.

Allmählich zeigt sich im Osten ein blasser Streifen, der es zusehends heller werden läßt. Schließlich erscheint die Sonne als riesiger roter Ball über den dunklen Baumwipfeln und beginnt ihre tägliche Wanderung am Himmel. Ein Schwarzstorch segelt im Gleitflug nahe an der Kanzel vorüber. Diesen scheuen Waldbewohner beobachtet man hier noch öfter. Seinen Horst hatte er bis vor wenigen Jahren regelmäßig in einer einzeln stehenden Kiefer im entlegenen Moor bezogen. Dann fiel der Baum im Sturm, das hat aber den Waldstorch nicht vergrämt, und nun nistet der schwarze Geselle nicht weit vom Erdbeergraben entfernt. Manchmal kommen Vogelfreunde, ja sogar ein ganzer Bus voll von ihnen erschien unlängst, und die Insassen erkundigten sich nach dem Horst. Wir helfen dem Vogel, indem wir schweigen. Ich hoffe auch in diesem Jahr wieder, daß er Nachwuchs hat und noch lange halbwegs günstige Lebensverhältnisse bei uns vorfindet.

Der Anblick des Storches läßt mich für kurze Zeit den Grund meines Ansitzes vergessen. Als meine Blicke wieder zur Erde schweifen, sehe ich ungefähr dort, wo ich im vergangenen Jahr den Bock mit der abgeknickten Stange erlegt hatte, ein Stück Rehwild. Ich spreche es durch das Glas im Gewirr der Halme zuerst als Ricke an. Da es im weiten Umkreis das einzige Wild zu sein scheint, was ich ausmachen kann, zieht es meine Blicke immer wieder an. Oft ist es völlig verdeckt, manchmal schimmert lediglich ein wenig Rot durch das grüne Gewirr, und dann sehe ich kurz den Spiegel und stutze: Es ist ja doch ein Bock, durchfährt es mich, bis ich schließlich sogar feststelle, daß es zwei Rehe sind, die da vor mir im Beerkraut äsen.

Wie schon erhofft, ist es „mein Bock" mit einer Ricke, die im ersten Morgengrauen aus den Örtzewiesen herangezogen sind. Sie haben, wie wohl auch in den Wochen vorher, ihren Wechsel den Erdbeergraben entlang genommen und streben nun ihrem Tageseinstand im Wald zu. Noch sind sie durch allerlei Gesträuch so verdeckt, daß ein sicherer Schuß von der Kanzel kaum möglich ist. Doch dann verhoffen beide Rehe noch einmal auf einer kleinen Freifläche. Nun ist der Schuß einfach. Die Ricke springt laut schreckend ab.

Ich stolpere zum Anschuß und stehe schon bald vor dem Gestreckten. Wenn ich ihn auch als alt angesprochen hatte, so übertrifft der Abschliff der Backenzähne meine Erwartungen noch einmal. Es fällt schwer, das wirkliche Alter des Veteranen exakt festzustellen, denn die Zähne sind bis auf Stümpfe völlig heruntergeschliffen. Drei Schneidezähne fehlen, ebenso wie zwei Prämolare. Auch die stark abgenutzte Schneidezahnreihe weist mehrere Lücken auf. Gewiß hat er mindestens acht Jahre lang seine Fährte gezogen und einen guten Teil davon am Erdbeergraben. Und er liegt tatsächlich nicht weit von der Stelle, auf der ich im Jahr zuvor den Einstangigen erlegte.

Nachdem ich den Bock aufgebrochen habe, schlendere ich gemächlich zum Erdbeergraben, wasche meine Hände und reinige anschließend das neue Messer gründlich im eisigen Wasser. Während mein Blick noch verträumt über das munter dahinplätschernde Bächlein wandert, bleibt es mit einem Male an der Böschung hängen. Ich brauche meine Augen erst gar nicht ungläubig zu reiben. Dort steckt im lockeren Heidesand, zwischenzeitlich zwar von einigen Rostnarben verunziert, aber immer noch blinkend, mein Messer vom letzten Jahr; das Geschenk des Freundes ist mir wiedergeschenkt.

Nächte im Weizenfeld

Mit der Wojwodina in Jugoslawien hat Gott zwischen Drau und Theiß ein Paradies nicht nur für Jäger geschaffen. Ich war nun schon mehrfach in dieser landschaftlich so reizvollen Gegend und durfte dort manchen Bock erlegen.

In Jugoslawien, in der Wojwodina jedenfalls, beginnt die Rehbockjagd bereits am 6. Mai, und mein Freund Relja hatte mich wieder eingeladen, mit ihm zusammen zur Jagd auf den dann allerdings noch grauen Rehbock zu gehen.

Als wir morgens gegen 4.30 Uhr aus der Tür des einsam gelegenen Jagdhauses treten, ist die Luft noch sehr kühl. Leichter Dunst liegt über den Wiesen, als wir langsam durch das taunasse Gras ins Revier schlendern. Das Flöten zahlreicher Pirole in den hohen Bäumen, die rund um das Jagdhaus stehen, löst allmählich den Gesang der vielen Nachtigallen ab.

Am Feldrand angekommen, erspähen Reljas geübte Augen weit draußen auf dem Acker einen Sprung Rehe. Ein guter, zumindest alter Bock ist darunter, aber ein Näherkommen an das Wild scheint auf dem braunen Lößboden ohne jeglichen Bewuchs fast unmöglich zu sein. So drängt Relja weiter, und wir pürschen auf trockenen Wegen durch die Feldmark.

Immer wieder lockt irgendwo ein Fasanenhahn, Hasen stehen vor uns auf, und fast unzählige bunte Blüten verschiedener Frühlingsblumen erfreuen in ihrer Farbenpracht unsere Augen. Von Flur„bereinigung“ haben diese Flächen, in die immer wieder tiefe Wasserlöcher, Hecken und einzelne Buschgruppen eingesprengt sind, erfreulicherweise nie etwas zu spüren bekommen. Gelbe, weithin leuchtende Rapsschläge unterbrechen die unterschiedlichen Grünfärbungen der Felder. Zwischendurch liegen vielerorts noch nicht bestellte braune Sturzäcker, auf denen vereinzelt Sprünge von Rehwild stehen und äsen. Bis die

Sonne im Osten blutrot emporsteigt und ihre ersten, wärmenden Strahlen verschickt, haben wir bestimmt dreißig Stück Rehwild vor uns gehabt und damit eine gewisse Übersicht über den Bestand gewinnen können.

Am nächsten Tag pürschen wir im Schutz des Waldes begleitet von lautstarken Vogelstimmen auf dem gleichen Pfad wie gestern entlang. Schon von weitem machen wir wieder an ungefähr der gleichen Stelle einen Sprung Rehe aus. In der Ferne erklingt der Balzruf eines Fasanengockels, und vor mir warnt anhaltend eine Mönchsgrasmücke. Ich habe Bedenken, daß das Rehwild, das vertraut auf dem trockenen, braunen Acker an den gerade aus dem Boden sprießenden, winzigen Maispflänzchen äst, auf uns aufmerksam wird.

Weidensamen schweben wie kleine Wattebäusche fast schwerelos durch die noch kühle Morgenluft und zeigen an, daß der Wind gut für uns steht. Er trägt den würzigen Duft blühender Akazien herüber. Auf dem trockenen Acker hocken zwei Nebelkrähen, und aus der angrenzenden Hecke erklingt immer wieder das Lied der Goldammer. Mäuse huschen vor uns über den zerfahrenen Sandweg. Wir pürschen geduckt an einigen Bienenkästen entlang vorsichtig dem Waldrand zu.

Die Mücken plagen uns sehr, eigentlich recht früh für diese Jahreszeit. Es gehört schon Disziplin dazu, nicht wild um sich zu schlagen, wenn wieder ein Schwarm dieser lästigen Blutsauger aus den dichten Büschen über uns herfällt. Zwei Neuntöter – man sieht sie hier noch allerwege – harren, scheinbar reglos, auf einem Dornbusch, der in einem Wald von Brennesseln steht. Offenbar haben sie uns bemerkt, streichen aber nicht ab. Sie äugen nur unverwandt zu uns herüber. Im blauen Himmel schweben drei Bussarde, immer wieder erklingt ihr traurig-greller Schrei, während wir uns geduckt durch die frischen Brennesseln weiterbewegen, um näher an den wohl immer noch fünfhundert Gänge entfernten Sprung Rehe zu gelangen. Die Stücke haben uns offenbar nicht bemerkt. Zwei Ringeltauben klatschen vor uns fort, und etwas tiefer im Wald gurren einschläfernd, fast ohne Pause, Turteltauben.

Als wir noch über dreihundert Meter von den Rehen entfernt sind, rät Relja zum Schuß. In meinem vierfachen Zielfernrohr aber ist der noch völlig graue, nicht verfärbte Bock kaum in das Absehen zu bekommen. Ich will – muß! – noch näher heran und schaffe es. Der aufkommende Wind schluckt glücklicherweise von mir unvermeidlich verursachte Geräusche, und auch ein weiteres, laut fortklatschendes Taubenpaar erregt offenbar das Mißtrauen der Rehe nicht.

Rund einhundertfünfzig Gänge sind bei schlechter Auflage eine weite Distanz für einen sicheren Schuß. Als er bricht, sind vier kurze Fluchten und Verhoffen auf der einen Seite, Durchrepetieren und Das-Ziel-erneut-Suchen auf der anderen eins. Bevor ich den zweiten Schuß anbringen kann, bricht der Bock verendet zusammen. Glücklich stehen wir kurz danach vor dem sechs- bis siebenjährigen, ungeraden Sechser.

„Es gibt noch einen Bock, einen weitaus stärkeren", meint Relja auf dem Rückweg, „aber er steht in einem wohl fünfzig Hektar großen Weizenschlag, und man kommt nicht an ihn heran." Ich hatte den Bock auch schon zweimal gesehen, aber die Entfernung war immer noch so groß, daß ich ihn selbst durch ein Spektiv mit stärkster Vergrößerung nicht sicher ansprechen konnte. Aber stark war er, alt wohl auch, dessen war ich mir sicher. In den nächsten Tagen sehen wir ihn mehrfach, aber stets ist er für meine 6,5 × 57 schier unerreichbar. So lege ich mir einen Jagdplan zurecht, mit dem ich anfangs bei meinen ausländischen Freunden auf Unverständnis, ja Mißtrauen stoße.

Bin ich vielleicht angespornt durch das herrliche frühsommerliche Wetter? Die Spatzen tragen große Halme für den Nestbau unter das Dach des Jagdhauses; ist es die von Tag zu Tag üppiger blühende Schafgarbe vor meinem Fenster, das verliebte Rucksen der Tauber, der ständig und fast überall erklingende Lockruf der Wachteln und Nachtigallen oder die Weite und der würzige Geruch auf den Feldern? Mich reizt es jedenfalls, eine Nacht draußen zu verbringen, und so ziehe ich gegen 22 Uhr Richtung Weizenschlag.

Es ist stockdunkel, das ununterbrochene Melden der Nachtigallen begleitet mich auf meinem Gang und erfreut mich. Als ich am Acker angelangt bin, merke ich erst, wie naß es ist. Eintausendfünfhundert Schritte zähle ich ab, im Glauben, mich nun ungefähr in der Mitte des riesigen Weizenfeldes zu befinden. Absolute Stille, kein Auto-, kein Flugzeug- oder sonstiges Zivilisationsgeräusch dringt zu mir. Es ist auch weitaus kälter als angenommen. Mich fröstelt, als ich mich in das taunasse junge Getreide lege, aber die Ruhe und die klare, aromatische Luft lassen mich bald tief einschlummern.

Als ich erwache, dämmert es bereits. Wachteln melden, und zwischendurch locken Rebhühner und Fasanen. Das große Feld ist voller Leben. Behutsam hebe ich meinen Kopf und erblicke auf rund 300 Gänge zwei Stück Rehwild. Eine Ricke und einen – meinen – Bock. Doch die Entfernung ist einfach zu groß. Der Weizen ist so hoch, daß ich nicht im Sitzen, auf meine Knie aufgestützt, schießen kann, weil das Wild verdeckt ist. Aber ich habe Zeit.

In wohl stündlichem Abstand hebe ich vorsichtig meinen Kopf aus dem Grün, um die Rehe zu beobachten. Allerdings äsen sie langsam von mir fort, und so krieche ich auf allen vieren durch die taunasse Saat hinter ihnen her. Schon nach wenigen Metern bin ich völlig durchnäßt und zittere vor Kälte am ganzen Körper. Ein Entschluß ist schnell gefaßt: warten, bis die Sonne aufgeht und mich trocknet und wärmt.

Nach einer weiteren Stunde erscheint der rote Feuerball im Osten, aber, womit ich nicht gerechnet habe, die Rehe tun sich nieder und bleiben bis zur Mittagsstunde für mich unsichtbar. Enttäuscht, aber voller ermutigender Ideen für die nächste Nacht und den kommenden Tag, mache ich mich schließlich auf den Heimweg.

Um 23 Uhr verlasse ich wieder das Jagdhaus, diesmal eine Wolldecke unter dem Arm, wandere voller Hoffnung zu dem großen Weizenfeld, schreite auch diesmal grob eineinhalbtausend Schritte bis zur vermeintlichen Mitte des Schlages und lege mich erwartungsvoll zur Ruhe. Die nun schon vertrauten Geräusche und Gerüche lassen mich bald einschlafen.

Am nächsten Morgen erwache ich, eingewickelt in die quietschnasse Decke. Aufgrund der Temperaturunterschiede zwischen warmem Tag und kühler Nacht hatte sich viel Tau gebildet. Als ich meinen Kopf behutsam erhebe und in die Runde schaue, muß ich enttäuscht feststellen, daß kein Stück Wild weit und breit auszumachen ist. Das Hoffnungsbarometer sinkt mit jedem Mal, mit dem ich in knapp 30minütigem Abstand vorsichtig aus dem grünen Halmenmeer heraus erst mit bloßem Auge und dann mit dem Glas meine Umgebung absuche.

Gegen elf Uhr – die Sonne hat zwischenzeitlich die nächtliche Kälte vergessen lassen, und ihre wärmenden Strahlen begannen mich so richtig faul zu machen – erspähe ich endlich ein Reh. Für einen kurzen Augenblick steigt die Spannung, und das Jagdfieber beutelt mich, aber es ist nicht der „Alte“, es ist ein junger Bock, der, unbekümmert an den zarten Weizentrieben äsend, von mir fortzieht. Stetig entfernt er sich, und die Zeit scheint zu verrinnen.

Ich erwäge bereits, mein Vorhaben auch für diesen Tag abzubrechen, als unerwartet Leben in mein Umfeld kommt. Innerhalb kurzer Zeit stehen fünf Rehe im Umkreis von fast fünfhundert Gängen um mich herum. Auch der Gesuchte und Ersehnte ist dabei, und der junge Bock zieht direkt auf ihn zu. Die weite Entfernung läßt allerdings auch den kleinsten Schimmer auf Jagderfolg zerrinnen. Trotzdem halte ich aus, und ehe ich einen weiteren Gedanken fassen kann, habe ich die Büchse im Voranschlag, denn wie von der Tarantel gestochen stürmt der junge Bock in hohen Fluchten auf mich zu, gefolgt von

„meinem“. Der Tau stiebt, und in Sekunden will die wilde Jagd an mir vorübergehen. Aber spontan erhebe ich mich, und das Erstaunen ist auf allen Seiten gleich. Der junge Bock verhofft, und der „Alte“, der die Gefahr zu spät erkannt hat, bricht im Feuer meines Schusses zusammen.

Innerlich aufgewühlt, vergesse ich all das vor Jahren gelernte sowie immer Bewährte und stürze sofort zum vermeintlichen Anschuß. Jeden Augenblick darauf hoffend, über den verendeten Bock zu stolpern, schreite ich Meter um Meter durch die Weizensaat, um aber bald resigniert in meiner gottlob noch sichtbaren Spur zu dem Platz zu gehen, von dem ich geschossen hatte. Noch einmal nehme ich all meine Gedanken zusammen, konzentriere mich genau auf den Hintergrund und trabe dann in die Richtung, in der ich meine Beute vermute. Nichts! Kein Bock, kein Pürschzeichen, einfach nichts, was meine zwischenzeitlich verzweifelte Stimmung aufbessern könnte. Ein drittes und viertes Mal stapfe ich deprimiert zum Ausgangspunkt zurück, um in immer größeren Bögen die Fläche vor mir abzusuchen.

Die Sonne steht zwischenzeitlich hoch am Himmel, und ich habe wohl bald eine halbe Stunde lang den Weizen in weitem Umkreis zertrampelt. Fast resignierend schlage ich immer größere Bögen, bis ich nach gut einer Stunde endlich abbreche, um einen Hund zu holen. Müde und niedergeschlagen stapfe ich zu meinem nächtlichen Ruhelager, um dieses für die spätere Nachsuche mit weißem Papier zu markieren.

Nur dreißig Meter von diesem entfernt stolpere ich fast über den Bock. Und was für eine Krone halte ich, die Stimmung dieses Augenblicks bis in die tiefste Wurzel meines Herzens genießend, in den Händen: starke, fast übermäßig geperlte, weit ausgelegte, dunkle Stangen mit auffallend langen, weiß endenden Sprossen. Die Bezeichnung edel ist hier wirklich zutreffend, und nahtlos würde er sich in die Spitze der bekannten Gagern-Böcke einreihen.

Der „Selbstmörder“

Laut Kalender soll die Sonne an diesem Morgen um 6.30 Uhr aufgehen. Jagdfreund v. Wedel und ich sind schon eine Viertelstunde vorher im Revier. Es ist kalt, und ich ärgere mich, keine Handschuhe mitgenommen zu haben.

Der Dunst, der anfänglich noch über Wiesen und Weiden schwebte, hat sich verzogen. In dem grellen Licht des aufgehenden Sonnenballs prahlen zwei äsende Böcke auf der spärlichen Saat vor uns mit ihren Bastgehörnen. Vom letzten Jahr sind sie uns beide als zwei- bis dreijährige Zukunftsböcke bekannt, und wir lassen uns von ihrem stark wirkenden Hauptschmuck nicht täuschen. Nach kurzer Lagebesprechung trennen wir uns, und ich schnüre zur Ecke eines hohen Fichtenaltholzes, um hier den Taubeneinfall abzuwarten. Diesen Frühlingskündern im schieferblauen Frack mit dem schneeweißen Kragen gilt unser erster Ausgang im gerade begonnenen Jagdjahr.

Während ich vorsichtig zu meinem Stand pürsche, prasselt es lautstark über mir. Mit singendem Schwingenschlag streicht eine Weißblaue, die ich mehr ahne als sehe, fort. Kurz darauf fällt ein Schuß aus der Richtung des Freundes. Unbeabsichtigt hatte ich ihm die Taube zugedrückt.

Um mich herum erfreut das laute Konzert fast unzähliger kleiner gefiederter Sänger mein Ohr. Ihr Pfeifen, Trillern und Singen macht den Winter trotz gelegentlicher Nachtfröste vergessen. Vor mir, auf einer noch kahlen Buche, schmettert ein farbenprächtiger Buchfinkenhahn seine Strophen in die klare Morgenluft. Aus verschiedenen Richtungen klingt der krächzende Ruf von Rabenkrähen herüber. Irgendwo gurrt nun auch, zunächst noch zögernd, ein Tauber. Aus einer anderen Richtung erklingt Antwort. Ich ahme die Stimmen nach. Mein Rufen und Reizen scheinen allerdings beide Vögel nicht ernst zu nehmen. Bald verschweigen sie, ohne daß ich Gelegenheit habe, sie anzugehen. Ist es zu kühl? Die wirkliche Balz steht offensichtlich noch bevor.

Mir kommt es vor, als nehme das Jubilieren der Vögel noch zu und schwelle das herrliche Konzert an. Ein Vogelbeobachter kommt hier gewiß auf seine Kosten und hat viel Abwechslung. Nun läßt sich auch noch ein Schwarm Stare unbeschwert zwitschernd auf der Buche vor mir nieder.

Einige Krähen haben einen Bussard, der über die Fichten streicht, entdeckt und hassen in waghalsigen Flugmanövern auf den Greif, bis dieser schließlich, der Übermacht der schwarzen Gesellen ausweichend, sich in einem Baum am Waldrand einschwingt, somit meinen Blicken entschwindet und Ruhe vor den lästigen Rabenvögeln hat.

Schließlich ist der Zeitpunkt gekommen, an dem v. Wedel und ich uns treffen wollen. Ich pürsche zu der verschwiegenen, mit dichtem, im ersten Grün schimmernden Himbeergestrüpp bewachsenen Blöße. Als ich den Treffpunkt erreiche, imitiere ich, um dem Freund meinen Standort möglichst unauffällig mitzuteilen, noch einmal den Ruf eines Ringeltaubers.

Laut mit den Schwingen klatschend, erhebt sich auf dieses Signal hin aus dem gegenüberliegenden Baumwipfeln ein Tauber. In steiler Bahn steigt er in die Höhe, bleibt Sekundenbruchteile in der Luft stehen, um dann mit waagerecht gehaltenen Schwingen und gefächertem Stoß in den Bäumen zu verschwinden. Doch bevor ihn das Grün der dichten Baumkronen wieder verschluckt, erreichen ihn die Schrote aus der Flinte meines Freundes. In einer aufstäubenden Federwolke fällt der Vogel auf den Erdboden. Waidmannsheil!

Es ist mittlerweile 8.30 Uhr. Unsere Frauen, die durch vergangene jagdlose Monate verwöhnt sind und mit unserer baldigen Anwesenheit rechnen, wollen wir nicht schon am ersten Jagdtag ärgern und warten lassen. So beschließen wir, die Jagd an diesem stimmungsvollen Morgen zu beenden.

Zufrieden wechseln wir Richtung Auto. Da streichen unverhofft zwei Tauben über uns hinweg. Sogleich lasse ich noch einmal mein Ruru-ruru-ru erklingen. Tatsächlich kehren sie augenblicklich zurück, drei Schüsse bellen auf und die Tauben werden unsere Beute.

Wir sind stark aufgemüdet von diesem Ereignis, und ich beschließe, trotz des Widerstandes der Familie, später im entfernteren Revier meines Bruders die Balz der Ringeltauben zu beobachten. Es ist früher Nachmittag, als ich dort ankomme. Den Weimaraner Cäsar am Riemen, ziehe ich sofort hinaus in den Wald, heimlich wie ein Dieb, denn eigentlich sollte ich zu einem Familientreffen gehen. Die Sonne scheint aber noch zu verlockend, um diesen schönen Tag im Zimmer zu verbringen. Lange vor Sonnenuntergang setze ich mich am Rand eines Kahlschlages auf einen Baumstumpf. Der Hund bewindet ausgiebig die frische Losung Meister Reinekes. Bis zur eigentlichen Taubenbalz wird noch einige Zeit vergehen, sinniere ich.

Ein Zilpzalp ruft unaufhörlich aus einer hohen Eiche. Da klatscht es über mir. Die abstreichende Taube ist gewiß nicht weniger erschrocken als ich. Das eintönige Rascheln des letzten trockenen Laubes an einer jungen Buche, durch das der leichte Wind fächelt, läßt meine Augenlider schwerer werden. Einschläferndes Rauschen der benachbarten Fichten, das Gesumm und Gebrumm eifriger Insekten, die gleich mir die letzten wärmenden Sonnenstrahlen des sich langsam neigenden Frühlingstages genießen, wirken ermüdend auf mich, und plötzlich bin ich eingenickt.

Als der Hund mich mit seiner kalten, feuchten Nase anstößt und weckt, steht die Sonne schon verdächtig tief. Zwei Bussardpaare ziehen scheinbar schwerelos am wolkenlosen Abendhimmel ihre Kreise.

Durch die vielen zarten Vogelstimmen klingt plötzlich das Balzlied eines Taubers herüber, höchstens fünfzig Gänge von mir aus den hohen Bäumen. Gebannt versuche ich, ihn in den hohen Wipfeln auszumachen, doch zu gut ist er von dichtem Gezweig gedeckt. Nach zwei weiteren Strophen probiere ich, ihn anzugehen, aber er streicht mit klatschendem Schwingenschlag ab und macht meine Hoffnung auf leichte Beute zunichte. „Tauben haben auf jeder Feder ein Auge", sagen die Alten.

Weit entfernt fällt ein anderer Tauber in den Wipfeln der hohen Fichten ein. Im Glas kann ich jede Einzelheit an ihm erkennen. Aufmerksam äugt er, während er zwischendurch geschäftig sein Gefieder ordnet, immer wieder in die Runde. Es vergeht einige Zeit, bis er schließlich seine erste Strophe anstimmt. Leider stehe ich zu frei in seinem Blickfeld, denn als ich nur eine kleine Bewegung mache, verstummt er, reckt seinen Hals und streicht dann schnell von seiner hohen Warte davon.

Nach kurzer Zeit ahme ich verhalten den Balzruf eines Taubers nach. Nach vier, fünf weiteren Versuchen kommt Antwort aus einem entfernteren Fichtenaltholz. Viele Male schon habe ich dort versucht, den rucksenden Frühlingsboten anzugehen. Immer ohne Erfolg. Die dichten Baumkronen geben vom Erdboden aus nur begrenzt Sicht nach oben, wo die Vögel ihr lockendes Lied ertönen lassen. Aber was wäre Jagen ohne stetige Bemühungen, ohne Hoffen und Erwartung auf Beute? Ich versuche es erneut.

Zügig pürsche ich auf dem weichen Nadelteppich voran. Schon bald umgibt mich die leichte Dämmerung des Hochwaldes. Vorsichtig geht es weiter. Der Blick ist auch auf die Erde gerichtet, um nicht das kleinste Zweiglein zum Verräter werden zu lassen, denn durch ein einziges Knacken könnte meine Pürsch augenblicklich scheitern. Nach knapp fünfzig Gängen stehe ich unter dem Balzbaum. Die dichten Fichtenkronen geben nicht einmal den Blick auf ein Stückchen Himmel, geschweige denn auf den Minnesänger frei.

Rugugu-rugu, schallt es verlockend über mir, jedesmal wechsele ich fast lautlos meinen Standort und versuche aus einem anderen Blickwinkel heraus das Ziel meiner Jagd zu orten. Aber nur ein paar Goldhähnchen, die im Geäst wispern und herumturnen, kann ich ausmachen. Wegen der geringen Distanz traue ich mich selbst nicht mehr zu rufen. Der Tauber könnte Verdacht schöpfen, verschweigen oder gar abstreichen. Vom stetigen, steilen Hinaufstarren beginnen das Genick zu schmerzen und die Augen zu tränen.

Trotz aller Vorsicht muß ich doch eine falsche oder zu heftige Bewegung gemacht haben. Mit lautem Prasseln streichen nämlich zwei Tauben ab. Erst in großer Entfernung sehe ich sie über dem Kahlschlag davoneilen.

Noch ehe ich mich enttäuscht dem Hund zuwende, erklingt, nicht weit entfernt, erneut das ersehnte Rugugu-rugu. Verstohlen rufe ich zurück. Nach kurzem Wechselgesang ertönt zweimaliges Schwingenklatschen. In der mir am nächsten stehenden Fichte schwingt sich der Tauber ein, zwischen wippenden Ästen schimmert die rötliche Brust. Bei der nächsten Strophe hebe ich die Flinte, und im Schuß fällt er auf den bemoosten Waldboden, eine leichte Flaumwolke sinkt langsam hinterher.

Caesar, entwöhnt durch einige jagdlose Monate, prellt mit dem Riemen vor und apportiert stolz unsere Beute. Ich bin zu aufgeregt und erfreut, um ihn wegen seines Handelns ohne Auftrag zu tadeln. Dankbar nehme ich ihm den hübschen Vogel ab, während sich der Hund dann die weichen Flaumfedern aus dem Fang schüttelt. Die Spannung löst sich, und ich genieße in vollen Zügen den Zauber des Frühlingsabends.

Auf dem Rückweg, noch ganz in Gedanken, sehe ich den Rehbock zum ersten Mal. Zwar hatte man mir schon öfter von einem dünnstangigen Bock mit zwei etwas krummen, ungleich langen Stangen berichtet. Der Bauer, der täglich zweimal vom Dorf über den Schäferdamm zum Melken seiner Kühe fährt, hat ihn mehrmals gesehen. Nun habe ich den Rehbock, um den es sich dreht, endlich selbst in Anblick. Er scheint alt zu sein. Die Stangen wirken dünn, und ich meine durch das Glas starke Dachrosen auf dem fast weißgrauen Haupt gesehen zu haben, bevor er in der jungen Fichtendickung verschwand.

Kurz nach Aufgang der Bockjagd komme ich von einer längeren Auslandsreise zurück, bin bei meinem Bruder, erbitte mir dessen Gewehr und pürsche in die Abteilung 24. Im Sinn ist mir der oft erwähnte alte, dünnstangige Bock, der sich mir erstmals bei der Taubenjagd zeigte. Am Kahlschlag angelangt, verhalte ich vorsichtig, und da erhebt sich, in noch grellem Sonnenlicht, doch wirklich gerade ein Reh. Ist es der Bock, der mir seit der Taubenjagd immer wieder in meine Gedanken kam? Er ist es. Wirklich überrascht bin ich, als er sich, ohne mich zu bemerken, kurz schüttelt und beginnt, an dem frischen Grün der Brombeeren zu äsen.

Stehend, an einer dünnen, schwankenden Fichte anstreichend, versuche ich, ihn ins Zielfernrohr zu bekommen, aber für einen sicheren Schuß steht er zu weit. Näherpürschen ist so gut wie unmöglich, und so fasse ich mich in Geduld. Als die Dämmerung hereinbricht, das Büchsenlicht schwindet, steht der Bock immer noch rund hundertachtzig Gänge von mir entfernt, und so schleiche ich unverrichteter Dinge nach Hause.

Wen wundert es, daß ich am nächsten Morgen wieder am besagten Kahlschlag hocke. Auch dieses Mal führe ich ein Gewehr meines Bruders, da die Zeit nicht reichte, um mein eigenes zu holen. An derselben Stelle wie am Vortag erscheint schon bald ein Reh. Es ist bereits taghell, und so spreche ich es unschwer als den gesuchten Bock an. Er steht frei und breit am Gestrüpp. Ein Schuß scheint nicht schwierig, ja fast routinegemäß hebe ich die Waffe, ziele und drücke ab. Aber ich sehe kein Zeichnen beim Abspringen. Das Mündungsfeuer blendete mich ein wenig, und hinter dem Bock wackelt lediglich ein junges Lärchenstämmchen. Dorthin wird er abgesprungen sein, fährt es mir, meiner guten Kugel sicher, durch den Sinn. Ich begebe mich nach wenigen Minuten Wartezeit zum vermeintlichen Anschuß. Gut hundertsechzig Schritt ist der entfernt, aber verhältnismäßig leicht zu finden. Lange Zeit suche ich, bis ich endlich den Kugeleinschlag finde – in der Lärche, die mir den Weg zum Standort des Bockes gewiesen hat. Noch am selben Tag muß ich feststellen, daß an dem Fehlschuß lediglich ich selbst die Schuld trug. In einer Sandkuhle treffen drei Schüsse mit der Büchse in gewohnter Genauigkeit auf die Scheibe.

So sitze ich am folgenden Wochenende wieder in der Frühe im Altholz am Rande der Blöße. Durch die dunklen, dichten Baumkronen funkeln die letzten Sterne. Lange vor Tagesanbruch genieße ich Geräusche und Gerüche der weichenden Nacht. Es raschelt und knistert geheimnisvoll im Wald. Der Geruch von feuchtem, moderndem Laub, von würzigem moosbedeckten Waldboden und harzigem Kiefernholz beherrscht die Luft und kitzelt die Nase. Das scharfe Gezeter einer Amsel, das zögernde, fast schüchterne Zirpen einer Blaumeise und das Rascheln einer Waldmaus im alten, trockenen Laub halten meine Sinne gespannt. Allmählich wird der erste Tagesschimmer stärker und tastet behutsam alle Winkel des Hochwaldes ab. Schatten und Schemen nehmen Gestalt an, wodurch die Geräusche, die die Aufmerksamkeit des Jägers in der Dunkelheit beherrschten, langsam zurücktreten.

Erschrocken fahre ich herum, als hinter mir ein Eichhörnchen an einer nahen Kiefer lärmend in die Höhe turnt. Womit ich fest gerechnet habe, das bestätigt sich. Auf knapp hundert Gänge steht der Bock. Ich kauere hinter einem starken Kiefernstamm, aber aus dieser Position kann ich nicht schießen. So erhebe ich mich langsam. Noch ein Blick durch das Glas: Er ist es, aber er ist unruhig.

Auf das noch so vorsichtige Anheben der Büchse reagiert der

Bock mit hoher Flucht in das lichte Gestrüpp und kurzem Schrecken. Reaktionsschnell ahme ich ein schreckendes Reh nach. Der Bock verhofft schlagartig. Mein Schuß fällt. In raumgreifenden Fluchten und laut schreckend springt der Bock offenbar gesund ab und ist in wenigen federnden Sätzen verschwunden. Meine intensive, peinlich genaue und fast schon verzweifelte Untersuchung des vermeintlichen Anschusses gibt mir die Gewißheit, daß ihm von mir neuerlich kein Haar gekrümmt worden ist. – Ich sollte den Bock lange nicht wiedersehen.

Eines Morgens spricht das Wetter dafür, im warmen Bett zu bleiben, da es stürmt wie an einem schlecht geratenen Herbsttag; doch die Jagdpassion siegt in mir, und ich verlasse in der ersten Dämmerung das Haus. Die Natur empfängt mich draußen genauso müde, wie ich es selbst bin. Ganz gegen meine sonstige Jagdweise entschließe ich mich diesmal für den Ansitz in einer geschlossenen Kanzel an der Bruchwiese, an der der Bock, den wir zwischenzeitlich den „Kugelfesten" getauft haben, von unserem Haumeister Otto beobachtet wurde.

Aus dem nahen Weideschuppen glotzen mich ein paar junge Bullen mißmutig an und schlagen gelangweilt mit den Schwänzen, um Insekten zu vertreiben, die selbst bei dieser unfreundlichen Witterung herumschwirren. Die Fenster der Kanzel sind geöffnet, trotzdem ist die Luft schwer und stickig. Während ich es mir bequem mache, bereue ich schon meinen Entschluß, diesen Morgen auf der wenig erfolgversprechenden Kanzel zu verbringen.

Von unten klingt das eintönige Ticken der Elektrozaun-Batterie herauf, sonst dringt kaum ein Laut in meinen „Kasten". Auf einmal nehme ich über mir, anfangs noch unbewußt, ein

Trippeln auf dem mit Teerpappe belegten Dach der Kanzel wahr. Offenbar ein kleiner Vogel, der dort herumhüpft, denn das Geräusch klingt deutlicher, klarer, nicht so unregelmäßig wie die vereinzelt fallenden Regentropfen. Da erscheint nach kurzem Flattern auf der Brüstung vor der Fensterluke ein zartgliedriges Vögelchen, trippelt eilfertig mit schnellen, kurzen Schritten auf dünnen Vogelbeinchen zum anderen Ende der Fensteröffnung, um mich aus dunklen, aufmerksamen Augen zu mustern. Es ist eine schlichte weiße Bachstelze, nicht die leuchtendgelbe Schafstelze, die hier ebenfalls vorkommt. Trotzdem, wie ein Juwel wirkt sie.

Als ich mich unbedacht ein wenig bewege, schwingt sie sich erschreckte davon, kommt wieder angeschwirrt, ist dicht über meinem Kopf, wendet kurz vorher, um schon bald darauf zurückzukehren. Unruhig umkreist sie den Sitz einige Male und fliegt dann, in kleinen Bögen, zu einem Weidepfahl, von dem aus sie mich aufgeregt, mit ihrem langen Schwanz wippend, weiter beobachtet. Nicht umsonst nannten wir als Kinder diesen Vogel Wippstert. Besorgt und etwas verloren klingt ihr durchdringendes Kiwitt-kiwitt zu mir herauf.

Der Ruf erinnert mich an die Schnepfen und an den Frühling. Zu der Zeit habe ich diesen Laut immer sehnsuchtsvoll erwartet. Schnepfen und Bachstelzen kommen ja zur selben Zeit aus ihren südlichen Winterquartieren zu uns zurück.

Nur kurz verweilt der unruhige, kleine Vogel auf seiner feuchten Warte. Erneut schwingt er sich in die Luft und kommt zu einer Fensteröffnung der Kanzel geflogen. Das zarte, schwarzweiße Köpfchen dreht sich suchend hin und her, und der zitternde, zarte Vogelkörper schwirrt, einem Kolibri gleich, mit flinken Flügelschlägen vor der Fensteröffnung in der Luft stehend.

Während ich noch unbefangen den kleinen Kobold bewundere, wird mir siedendheiß klar, daß diesen unermüdlichen Insektenfresser die Sorge um die Nachkommenschaft „beflügelt". Immer wieder mißachtet er die Gefahr. Ich bilde mir ein – man vermenschlicht ja die Tiere leider viel zu oft – daß mich alle Angst eines besorgten Mutterherzens aus diesen dunklen Augen anspricht. Die furchtsamen Annäherungsversuche gelten offensichtlich ihrem Nachwuchs, und beim genaueren Umsehen entdecke ich vier schlichte, weißschwarzgesprenkelte Eier in einem aus trockenen Halmen und kleinen Zweigen kunstvoll gebauten Nest in der Ecke der Kanzel auf dem Fußboden.

Auch das starke Kahlwildrudel, daß zwischenzeitlich ausgetreten ist, soll mich nicht davon abhalten, sofort abzubaumen. Als ich aber die Tür der Kanzel öffne, tritt am gegenüberliegenden Waldrand auch noch ein Bock aus. Es ist der Erhoffte, er äst kaum achtzig Meter vom Sitz entfernt und zieht in dem feuchten Gras sogar langsam näher. Schon bin ich wieder in der Kanzel, habe vorsichtig das Gewehr von der Schulter genommen, den Bock klar im Absehen und schieße, als er wie eine Scheibe auf siebzig Gänge vor mir steht. Der Bock springt ab, verhofft aber am Waldrand kurz, während ich die nächste Patrone in die Kammer repetiert habe. Als ich ihn erneut im Absehen habe, springt er endgültig ab.

Die Stelle, an der er bei der Schußabgabe stand, ist im feuchten Gras schnell und einfach zu finden, aber keine Pürschzeichen trotz langen Suchens! Das Verhoffen nach dem Schuß bestärkt meine Gewißheit, daß ich nun den Bock ein drittes Mal gefehlt habe. Überhastet geschossen? Ich bin am Boden zerstört. Wie hatte ich es nur fertiggebracht, ihn wieder vorbeizuschießen? Gewiß, auch wenn ich nicht abergläubisch bin, seltsam war es doch, und oft grübele ich noch heute darüber nach.

Meine durch viele Jahre hindurch gefestigte Meinung über die eigene Schießfertigkeit gerät nach dieser Fehlschußserie ziemlich ins Wanken. Da ich den Bock lange vorher gesehen hatte, nicht unvorbereitet schießen mußte, bei Abgabe des Schusses nicht vom Jagdfieber geschüttelt wurde, sondern aufgelegt ganz ruhig abgekommen war und kein Grashalm oder

Zweig die Flugbahn des Geschosses behindert haben konnte, bin ich nur noch wütend auf mich.

Natürlich zieht es mich am Abend desselben Tages wieder in die Nähe der Kanzel. Ich will aber nicht hinauf, sondern wegen des Bachstelzennestes am Waldrand auf dem Boden sitzen. Von dort kann ich auch besser die Stelle sehen, an der der Bock heute morgen austrat.

Abgelenkt durch eine Ricke, achte ich nicht auf meinen Hund, und plötzlich verfolgt er lauthals eine für mich unsichtbare Spur auf dem Sandweg und verbellt dann am Fuß der Kanzel eine Katze. Sie hat sich auf einem Vogelkasten, den wir an einem der Holme aufgehängt haben, der aber in diesem Jahr nicht besetzt war, in Sicherheit gebracht. Vom Waldrand visiere ich den Räuber an. Im Schuß fällt er zu Boden und mit ihm der ganze Vogelkasten. Ich freue mich zwar über den gelungenen Schuß, aber damit habe ich mir auch, an diesem Abend zumindest, die Chance, erfolgreich auf den „Kugelfesten“ zu passen, vertan.

Eine Woche später bekomme ich den Auftrag, einen Jagdgast auf einen Bock zu führen. „Es ist ein wichtiger Mann, der unbedingt einen Bock schießen soll“, hatte es wieder einmal geheißen. Ich hatte diesen Herrn schon verschiedene Male in den letzten Jahren geführt, war aber nie so richtig mit ihm warm geworden. Ein Grund meiner Zurückhaltung war, daß er – wenn wir es uns auf einem Hochsitz bequem gemacht hatten – umgehend seine Büchse stach und sicherte, bevor er die Waffe in die Hochsitzecke stellte oder sie behutsam auf der Brüstung ablegte. Mehrmals, so betonte er, sei ihm schon Wild abgesprungen, als es das feine Geräusch des Einstechens vernahm.

Es ist noch früher Nachmittag und mit Wildanblick noch

kaum zu rechnen. Wir pürschen vorsichtig die Eschenbahn am Familienfriedhof vorbei in Richtung Bruchwiesen. Dann besteigen wir den Erlenhochsitz. Er steht über dem Bruchbach, der sich kilometerweit durch eine Wiesenschlenke zieht. Hier ist eigentlich immer mit Wild zu rechnen, und hier beobachtete ich auch mehrfach den Kugelfesten mit seinen verbogenen, ungleich langen Stangen.

Mit sich und der Welt offenbar zufrieden, lehnt sich mein Gast auf seiner Holzbank zurück. Die Büchse steht gestochen und gesichert in der Ecke des Hochsitzes.

Kupferner Glanz liegt über den Föhren, wie wir die Kiefern hier in der Heide auch nennen. Die langsam sinkende Sonne verzaubert die Waldränder mit einer unwirklichen Beleuchtung. Da tritt kaum einhundert Gänge entfernt der „Kugelfeste" aus. Ein Blick durchs Glas genügt zum Ansprechen. Kurzes Kopfnicken zu meinem Nachbarn bedeutet diesem, die günstige Gelegenheit zu nutzen. Vorsichtig beugt er sich vor, um seine Büchse zu ergreifen, als sich unverhofft der Schuß löst. Erschreckt zucke ich zusammen, denn der Knall erschien, da völlig unerwartet, lauter als normal, und meine Ohren dröhnen.

Der Gast reagiert sichtlich nervös, aber der Bock wirft lediglich kurz auf und äst dann vertraut, als ob er nichts vernommen hätte, weiter, während er langsam auf uns zuzieht. Das Unbehagen scheint meinem Nachbarn noch in den Gliedern zu sitzen, und auch bei mir zeigt der Schreck Nachwirkungen. Unsicher schielt der Gast zu mir. Ich habe mich besser in der Gewalt als er. Das Fernglas vor den Augen flüstere ich erneut „schießen", als der Bock kurze Zeit danach wieder breit steht. Umständlich bringt mein Nebenmann, nach vorsichtigem Durchrepetieren, die Büchse wieder in Anschlag, und schon fällt der Schuß. Der Bock wirft auf, scheint aber wiederum kaum beunruhigt zu sein. Er macht keine Anstalten abzuspringen.

Ich sah einige Meter hinter dem Kugelfesten die Erde aufspritzen und sage dieses dem Schützen. Der schaut mich entgeistert an. Möglichst vorsichtig, ganz leise repetiert er eine dritte Patrone in die Kammer. Der Bock scheint all das nicht wahrzunehmen. Er zieht näher und ist höchstens noch sechzig Gänge von unserem Sitz entfernt. Der dritte Schuß zerreißt die Stille, und während erneut das Echo des Knalles durch das Wiesental hallt, spritzt unter dem Bock der Dreck hoch. Offenbar flogen ihm einige Klümpchen an den Körper, denn er zeichnet, als sei er weidewund getroffen, indem er in die Höhe springt, um dann blitzartig im Walde zu verschwinden.

Die anfängliche Selbsticherheit meines Begleiters ist gewichen. Er behauptet, deutlich Kugelschlag gehört zu haben – was bei dem weichen Wiesenboden auch verständlich wäre – und meint, aufgrund des Zeichnens müsse der Bock liegen, wenn wir ihm nur genügend Zeit zum Krankwerden geben würden. Meine Beobachtung will er nicht gelten lassen und besteht darauf, eine halbe Stunde zu warten, um dann den Anschuß zu untersuchen und – falls überhaupt nötig – einen Hund zu holen. Meine geflüsterten Einwände nützen nichts, und die anschließende Wartezeit wird unerfreulich.

Die Minuten kommen mir wie Stunden vor. Nur zwei Ameisen, die auf den Hochsitz gekrabbelt sind, vertreiben mir die Zeit. Dann umschwirrt eine Bachstelze aufgeregt den Sitz, und schließlich schnürt ein Fuchs unter uns am Graben entlang. An alledem kann ich mich kaum erfreuen. Ich ärgere mich über den Gast und fühle, daß auch er wütend ist. Angespannte Stimmung herrscht. Selbst der Graureiher, der schwerfällig angeklaftert kommt und rund vierzig Gänge vor uns am Grabenrand einfallen will, dann die beiden reglos auf dem Hochsitz harrenden Figuren eräugt und erschreckt in einer ungelenk, ja, komisch wirkenden Wendung abstreicht, lenkt uns nur für kurze Zeit ab.

Verstohlen schaue ich immer wieder auf die Uhr. Mittlerweile sind zwanzig Minuten vergangen, da leuchtet es am Waldrand rot auf. Auf knapp dreihundert Meter steht ein Reh, noch verdeckt durch einen Erlenbusch, den es nun kräftig fegt, – ein Bock also! Durch das Glas erkenne ich ihn schließlich. Tatsächlich, es ist unserer! Auch mein Gast hat ihn durch sein Fernglas angesprochen. Seine Mundwinkel zucken erleichtert, und im Flüsterton bestätigt er meine Beobachtung mit breitem Grinsen.

Kurz verhofft der Bock, nachdem er den Erlenbusch ziemlich zugerichtet hat, tritt dann auf die Wiese und zieht in unsere Richtung. Unsere Konzentration richtet sich ganz auf den stetig näherziehenden, mit einem Schuß noch nicht erreichbaren, heißersehnten Bock. Auf wohl einhundertfünfzig Gänge erhält er dann schließlich die Kugel, und ich stelle fest, daß er keineswegs kugelfest ist, sondern im Knall zusammenbricht. Am gestreckten Bock hat sich die Spannung zwischen uns Jägern gelöst.

Ich liebe es nicht, ein Stück gleich am Erlegungsort dadurch zu entstellen, daß man ihm den Äser aufschärft, um sein Alter festzustellen. In diesem Fall genügten auch schon die besonders ausgeprägten Dachrosen, um zu erkennen, daß der Bock wahrscheinlich sehr alt ist. Der tastende Zeigefinger, mit dem ich ihm in das Geäse fahre, bestätigt, daß hier ein besonders Betagter zur Strecke gekommen war. Nach dem Unterkiefer war der Bock älter als acht Jahre.

Erleichtert berichte ich dem Gast später von meinen vielen erfolglosen Bemühungen, Pürschgängen und Ansitzen, die diesem Bock galten. Ich erzähle, daß wir ihn den „Kugelfesten" getauft haben – und nun liegt er wahrhaftig gestreckt im frischen Gras vor uns. Sein Gehörn ist zwar nicht stark, aber zumindest für mich sehr erinnerungsträchtig, auch wenn ich ihn nicht erlegt habe.

Etwas wehmütig, wer will es mir nach all dem, was mich mit dem Kugelfesten an Erinnerung verbindet, verdenken, breche ich den Bock auf. Auf dem Heimweg treffen wir Otto, den Haumeister, der neugierig nach den vier Schüssen forscht. Der

Vergleich mit Stalingrad ist dem Schützen sichtlich unangenehm, und so springe ich in die Bresche und berichte von einer starken, schwarzen, streunenden Katze, die unverhofft auf über zweihundert Meter über die Wiese geschnürt sei, und erfolglos beschossen wurde. Die Situation ist vorerst gerettet.

Monate später erzähle ich Otto die wahre Geschichte über die Erlegung des „Kugelfesten". „Ne, ne", lautet sein trockener Kommentar – „das war ein Selbstmörder."

Zwei Spritztouren an die Moldau

Was bei einem Urlaub nur schief gehen kann, geht dieses Mal schief. Im Dienst weiß ich vor Arbeit nicht wohin, und bei den Reisevorbereitungen, für die daher kaum Zeit ist, stelle ich fest, daß wichtige Utensilien beim letzten Aufenthalt auf der Jagdhütte geblieben waren. Beim Grenzübergang schließlich gibt es unerfreuliche, zeitraubende Diskussionen mit den Zöllnern. Lange Schlangen wartender Autos mit ungeduldigen Fahrern und Unklarheiten wegen meiner Waffeneinfuhr verzögern die Weiterfahrt. Eine Autopanne bleibt mir, Hubertus sei Dank, zwar erspart, aber durch den starken Urlaubsverkehr komme ich erst vier Stunden später als verabredet in dem kleinen südböhmischen Dorf an, in dem ich mich mit einem mir bis dahin unbekannten tschechischen Berufsjäger treffen will.

Verständlicherweise hat dieser geduldige Mann zwischenzeitlich das Warten aufgegeben – wenngleich die Uhren drüben anders gehen, man sich gerade bei der Jagd mehr Zeit nimmt und nicht von westlicher Hektik beeinflussen läßt. Trotz mangelnder Sprachkenntnisse aber hat meine komplizierte Suchaktion nach ihm letztendlich noch Erfolg: Fröhlich in der Runde einheimischer Jäger, bei Bier und Sliwowitz, sitzt er in einem Gasthaus. Freudig werde ich in die Gruppe der Zechkumpanen aufgenommen. Zwar bin ich der tschechischen Sprache keineswegs mächtig, doch wird geradebrecht, und wir verstehen uns.

Erst am nächsten Morgen geht es erwartungsgeladen ins Revier und auf die Hütte. Acht Tage wollen wir dort bleiben, mit dem Ziel, einen Muffel zu strecken. Dichter Nebel ist aufgekommen, daher erscheint es zwecklos, an diesem Tag noch eine Nachmittags- oder Abendpürsch zu unternehmen. Wir verbringen einen recht lustigen Hüttenabend bei viel Rotwein, für mich voller Spannung und Hoffnung auf den kommenden Morgen.

Leider hat sich aber das Wetter über Nacht noch verschlechtert. Als wir in der Dämmerung vor die Hütte treten, stürmt es.

Der erste Jagdtag vergeht, ohne daß wir auch nur ein einziges Stück Wild in Anblick bekommen. Müde und naß sind wir abends, aber unsere Laune ist ungebrochen gut. Wir schmieden Pläne für den kommenden Tag, und unsere durchnäßten Kleidungsstücke dampfen derweil am Ofen vor sich hin. Wetter und Jagdgott scheinen sich aber auch in den nächsten Tagen gegen uns verschworen zu haben. Dicke Nebelschwaden und Nieselregen sind unsere steten Begleiter auf ergebnislosen Pürschgängen und eintönigen Ansitzen; kein Wild weit und breit.

An den ersten Hüttenabenden unterhalten wir uns noch, verständigen uns radebrechend mit Händen und Füßen, besprechen und organisieren voller Begeisterung den nächsten Jagdtag. Aber von Abend zu Abend werden wir schweigsamer, hängen unseren Gedanken nach und träumen von besserem Wetter und Jagderfolgen. Erlebnisbereite Spannung weicht langsam der Resignation.

In den Senken der hügeligen Landschaft steht trotz Nieselregens der Dunst, die wenigen Pürschpfade sind mit Pfützen bedeckt. Der Wald trieft vor Nässe. Was wir machen, ist kein Pürschen mehr, sondern eher stupides Durch-den-Wald-Laufen. Mein Jagdführer ahnt, was in mir vorgeht. Dieser passionierte, ehrliche Mann macht mir anfangs noch Mut. Das ist in dieser Situation schwer. Auch er sieht die Hoffnung schwinden. Morgen für Morgen stapfen wir hinaus in den Regen und fallen abends durchnäßt, müde und enttäuscht auf die feuchten Strohsäcke.

Ich beginne, mit meinem Schicksal zu hadern. Ist das noch Jagd, was wir hier treiben? Stur, weil der Dienst mir zu einer anderen Zeit keinen Urlaub gewährte, verbissen, ohne große Aussicht auf Erfolg, unter miesen Bedingungen hinter einem Widder herzuschleichen? Beobachtet er uns gar bei unseren kläglichen Versuchen, ihn zu überlisten, mitleidig von seinem trockenen Lager aus? Trotzdem siegt immer wieder die Passion. Wo in dem regennassen Boden Fährten entstehen, muß auch Wild sein. Das ist Jagd!

Unsere durchnäßte Kleidung ist trotz des Ofens klamm, wenn wir morgens hineinschlüpfen. Ich habe mir bereits eine Erkältung geholt. Auch mein Begleiter schnieft, und des öfteren höre ich ihn in seiner mir unverständlichen Muttersprache anhaltend vor sich hin schimpfen. Nicht ein Stück Wild haben wir bisher auch nur von weitem gesehen, lediglich frische Fährten.

Am letzten Tag meines Aufenthaltes ziehen wir noch einmal zu einer Abschiedspürsch hinaus. Nach den vorangegangenen Anstrengungen sind wir ziemlich am Ende unserer Kräfte, ohne viel Hoffnung auf Erfolg.

Wie es der Zufall will, sehen wir endlich einen Widder. Wie ausgestopft äugt er starr zu uns herüber. Es scheint, als sei er mit dem mächtigen Felsblock hinter ihm verwachsen. Vorsichtig ziehe ich meine Jacke aus und lege sie als Auflage vor mich auf einen großen Stein. Auf den Stich schieße ich, und das urige Wild stürmt nach dem Schuß auf uns zu, verschwindet in einer Bodenwelle und taucht nicht wieder auf. Nach zwanzig Minuten pürschen wir Richtung Anschuß, aber schon vorher sehen wir den Widder liegen. Längst verendet; die Kugel auf den Stich hatte ihn ohne Ausschuß nach etwa vierzig Fluchten zusammenbrechen lassen.

Schlagartig sind alle Mühen und Strapazen der letzten Woche vergessen. Unsere Stimmung befindet sich wieder auf dem Höhepunkt wie zu Beginn der gemeinsamen Jagdtage. Es wird ein langer und gemütlicher Abend. Andere Jäger stoßen zu uns, und zu fortgeschrittener Stunde werde ich gefragt, ob ich im kommenden Jahr zur Rehbockjagd wieder in dieses Revier kommen möchte. Erfreut sagte ich zu.

Glücklich über die Einladung und zufrieden über den Jagderfolg mache ich mich am nächsten Tag auf die lange, ermüdende Heimreise. Zu Hause habe ich das Haupt des Widders gleich abgekocht und die Schnecken aufgesetzt. Nun liegt der hell gebleichte Schädel auf dem dunklen Eichenbrett vor mir. Immer wieder tasten meine Hände die runden Schnecken entlang, von der starken Basis über die wenigen Jahrringe. Nein, stark ist er bestimmt noch nicht. Aber es ist mein erster nach acht nervenaufreibenden Tagen! Ob das ein Nichtjäger verstehen kann?

Mitte Mai sitze ich wieder im Auto und fahre in Richtung Tschechoslowakei. Rehe über Rehe, daneben Buchen- und Eichenverjüngung. Hier ist offenbar ein vernünftiges Miteinander von Wild und Forstwirtschaft noch möglich, und die Landwirtschaft ist unbeleckt von jeglicher Flurbereinigung – die Welt scheint in Ordnung. Das ist zumindest unser Eindruck, als wir von Bodenmais im Bayerischen Wald, wo Fritz ein großes Hotel betreut, die deutsch-tschechische Grenze bei Bayrisch Eisenstein überqueren und gemütlich Richtung Budweis rollen. Die Grenzformalitäten sind flink erledigt, und schon bald erreichen wir den abgesprochenen Treffpunkt in Luboka an der Moldau. Alles hat diesmal herrlich geklappt. Die Organisation des tschechischen Jagdunternehmens ist ausgezeichnet, und schon bald merken wir, daß die drei uns zugeteilten Jäger ihr Handwerk verstehen und genau wie wir voller Passion dem ersten Abend entgegensehen. Die Wiedersehensfreude mit meinen Freunden vom vergangenen Jahr ist natürlich groß, und fast wären wir vor lauter Diskutieren, Begrüßen und Auf-die-Schulter-Klopfen zu spät im Revier gewesen.

Der erste Ansitz: Mit meinem Jäger sitze ich auf einer Kanzel an einem Streifen alter Eichen, Kastanien und Buchen, einem nicht nur für Rehwild attraktiven Einstand. Vor uns liegt eine bunt blühende Wiese. An den feuchten Stellen leuchten Hahnenfuß oder Sumpfdotterblumen gelb herüber. Durch einen Akazienstreifen, der die Wiese von einem riesigen See abgrenzt, erblicken wir eine Insel, auf der abgestorbene, bizarr wirkende Bäume stehen. Eine Kormorankolonie sorgt für fröhliche Abwechslung. Die toten Bäume strotzen durch sie vor Leben. Das ständige Kommen und Gehen der Altvögel, dazu die krächzenden Laute der Jungen, lassen keine Langeweile aufkommen.

Zwischenzeitlich ist eine Ricke ausgetreten. Mein Begleiter erklärt mir – immer wieder nach hinten oder nach vorn zeigend und wortreich mit seiner Uhr herumfuchtelnd –, was ich zu erwarten habe, aber die Sprachschwierigkeiten sind zu groß, und ich verstehe nicht, was er mir erklären will. Nach mehreren Versuchen, die immer wieder von der gleichen Gestik begleitet werden, gibt er resignierend auf, zuckt mit den Schultern. Nach einer knappen Stunde kommt wieder Leben in ihn. Aufgeregt zeigt er nach hinten, wo sich in unserem Rücken ein riesiges Luzernefeld erstreckt. Nach kurzem Einweisen erblicke auch ich einen Bock, der sich dort niedergetan hat. Wieder gehen die Erklärungen los. Der Jäger zeigt aufgeregt zum See und beschreibt mit seinen Armen große Bögen. Endlich habe ich begriffen, was er mir seit zwei Stunden klarzumachen versucht: Der offensichtlich ältere Bock erhebt sich, beschreibt einen großen Bogen und verschwindet im dichten, noch braunen Schilfbewuchs des Seeufers. Minuten vergehen, wachsen zu einer Dreiviertelstunde. Die anfängliche Spannung hat lange nachgelassen, aber mein Führer steckt voller Jagdfieber und Gestik.

Tatsächlich! Der Bock kommt nach ungefähr einer Stunde genau dort und genau zu der Zeit, die mein Begleiter mir zu Anfang unseres Ansitzes zu erklären versucht hatte. Nun geht alles recht schnell. Nach einem einfachen Schuß, aufgelegt auf der Hochsitzbrüstung, bricht der wohl fünfjährige Sechser im Feuer zusammen.

Vom See erklingen, aufgescheucht durch den Büchsenknall,

Der treue Heger des Reviers: Wildmeister Mackerodt (links) und der Feuerschütz auf dem Familienfriedhof – Symbolfigur des Besitzes (rechts)
Die nachwachsende Generation (unten)

Einstandskämpfe sind unter Rehböcken üblich, wenn auch selten zu beobachten

aufgeregt zahlreiche unterschiedliche Vogelstimmen durcheinander, krächzende Fischreiher kreisen schwerfällig über uns, und ein paar Reiherenten klingeln nahe am Hochsitz vorbei, Möwen segeln vorüber, das Weiß ihres Gefieders steht als leuchtender Kontrast im hellblauen Himmel.

Freudig gehen wir später zum Bock – und die Verständigung zwischen meinem Begleiter und mir klappt nun von Augenblick zu Augenblick wieder besser, wie seinerzeit auf der Widderjagd. Während der Rückfahrt durch eine bezaubernde leuchtende Kastanienallee, die notdürftig gepflasterte Straße ist dicht bedeckt mit den weißen Blättern der zahlreichen Blütenstände, entdecken wir vom Auto aus einen jüngeren Rehbock mit nur einer Stange. Mein Entschluß steht sofort fest. Ihm würde ich gern die nächsten Tage widmen. Für heute sollte es genug sein. Allerdings ist es nicht ganz einfach, dem Jäger meine Absicht klarzumachen.

Ich bin froh, als uns der Bock schließlich die Entscheidung abnimmt und abspringt. Bereits der nächste Morgen soll dem Einstangigen gelten, doch läßt er sich weder dann noch am kommenden Abend blicken. Ein Kuckuck setzt sich in das dichte Geäst der alten Eiche, in der unsere Kanzel steht, und ruft unbeschwert in die klare Luft, während ich angespannt den Waldrand ableuchte.

Tagsüber ist es wieder sehr heiß gewesen, aber die Abendstunden sind kühl, und noch jetzt stehen unsere Spuren deutlich im taunassen Gras. Zwei weitere recht interessante Ansitze mit gutem Anblick liegen hinter mir. Sowohl morgens als auch abends hatte ich allerdings fast ausschließlich weibliches Rehwild vor, und ich gewinne den Eindruck, daß das Geschlechterverhältnis arg zu seinen Gunsten verschoben ist. Dies wird mir später bestätigt, man redet von 1 : 3 oder 1 : 4. Ich wundere mich, daß die Böcke trotzdem so stark werden, aber Äsung, Deckung und Ruhe sind eben die wichtigsten Kriterien, um gutes Rehwild heranzuhegen.

An diesem Morgen haben wir es uns wiederum auf einer Kanzel am Rande hoher Weiden- und Erlenwälder mit dichtem Unterwuchs an einer Wiese bequem gemacht. Nach einer knappen Stunde erscheint der einstangige Bock in weiten Fluchten. Offenbar ist ihm das taunasse, hohe Gras unangenehm. Als er verhofft und breit steht, erreicht ihn meine Kugel und läßt ihn im Knall zusammenbrechen. Erfreut und erleichtert treten wir an den Gestreckten. Eine starke Sechserstange, reich geperlt und ungewöhnlich dunkel gefärbt, auf der einen, einen unscheinbaren verkümmerten Knopf auf der anderen Seite. Welch ungewöhnlicher Kopfschmuck.

Am Abend sitzen wir am Rande eines riesigen Kleefeldes, das von dichtem Unterwuchs, Weiden und Erlengestrüpp begrenzt wird. Wohltuend – die Ruhe für das Ohr und das satte, noch frische Grün für das Auge. Imponierend die mehrere hundert Jahre alten starken Eichenbäume, gepflanzt noch von den einstigen Besitzern dieser Ländereien, den Fürsten Schwarzenberg. Frischer Wind kommt auf, angenehm nach der brütenden Tageshitze. Über uns, in einer alten, dicken Eiche, flötet ein Pirol. Ein paar Feldsperlinge unterhalten sich laut schimpfend in einer herrlich blühenden Rotdornhecke. Die Schatten werden länger. Tau befeuchtet den Klee. Das Vogelkonzert verstummt langsam. Die Feuchtigkeit kriecht unangenehm und kühl auch am Körper herauf.

Im letzten Licht machen wir einen auffallend starken Wildkörper am Rande des Feldes aus. Handelt es sich um einen wirklich alten Bock? Das Gehörn scheint dunkel gefärbt und hoch zu sein, mehr kann ich in der Kürze der Zeit nicht erkennen. Er reizt mich sehr.

Der kommende Morgen, es ist noch recht frisch, sieht uns wieder auf derselben Kanzel. Enten klingeln vorüber, und alle Augenblicke hört man Balzrufe von Fasanenhähnen. Hin und wieder leuchtet es in der aufgehenden Morgensonne rot auf. Rehe sind es, die sich erheben, den Tau aus der nassen Decke schütteln, einige Gänge machen und sich dann, wenn sie ein paar Gräser geäst haben, wieder niedertun. Manchmal geht es so schnell, daß die Zeit kaum dazu ausreicht, festzustellen, ob es sich um einen Bock oder ein weibliches Stück handelt.

Wir haben zwar sehr guten Anblick, aber der erhoffte alte Bock bleibt unseren Blicken bis in die frühen Mittagsstunden, als wir abbaumen, verborgen. Der folgende Abend, derselbe Platz. Nur wenige Augenblicke hatten wir den Bock ja bisher gesehen. Nun erscheint er wieder. Die kurze Zeit reicht gerade, das starke, offenbar kaum vereckte Gehörn knapp anzusprechen. Schon zieht er zurück in den Schatten des Waldrandes, kurze Zeit sehen wir ihn noch schemenhaft, dann ist er wieder verschwunden. Was ist zu tun? Rasch, doch vorsichtig baumen wir ab, umschlagen, nachdem wir mehrmals den Wind geprüft haben, das riesige Feld und nähern uns so auf Umwegen der Stelle, an der der Heimliche verschwand.

Schritt für Schritt pürschen wir vorsichtig durch dichtes Unterholz, verharren immer wieder, und leuchten behutsam, soweit wir Einsicht haben, die Umgebung vor uns ab. Wir lauschen, prüfen erneut den Wind und pürschen dann wieder ein Stück weiter, so lautlos es der von Gestrüpp, altem, raschelnden Laub und dicht mit dünnen Zweiglein bedeckte Erdboden eben zuläßt. Hier im Bestand wird das Licht schon schlechter. Ja, draußen in den Wiesen, da dauert es noch mindestens eine Stunde, bis das Schießen schwierig wird. Unter den dichten Kronen der alten Baumveteranen wird es jedoch früher dämmrig.

Schon fast eine halbe Stunde pürschen wir behutsam auf der Suche nach dem alten Bock durch Brennesselgewirr, umgehen riesige Reisighaufen, und die Hoffnung auf Erfolg beginnt langsam zu sinken. Nachdem unsere Sinne bisher äußerst angestrengt waren, läßt jetzt die Konzentration nach. Doch was ist das? Lautstarkes Brechen und weithin hörbares Schrecken lassen uns augenblicklich zusammenfahren. Eine Ricke ist es. Wir haben uns ihr auf kaum fünf Meter genähert, ohne sie zu bemerken. Jetzt springt sie in weiten Fluchten ab.

Verschreckt drehe ich mich zu meinem Führer um. All die Spannung der letzten Stunde weicht langsam, aber befreiend von mir. Da zeigt mein Begleiter aufgeregt, doch äußerst vorsichtig, nach vorn. Seiner Gestik und Mimik entnehme ich, daß dort etwas Besonderes sein muß. Ich drehe mich behutsam um und erblicke auf kaum zwanzig Gänge einen, nein wirklich, den gesuchten alten Bock, nur der graue Grind ist zu sehen. Kurz äugt er der Ricke nach, um dann wieder im dichten Unterwuchs zu verschwinden. Im Zeitlupentempo hebe ich das Gewehr an die Wange, und im vierfachen Zielglas habe ich die Stelle, an der er untertauchte. Sekunden vergehen und werden zu Minuten. Die Arme werden schwer. Schweiß, der nun zu allem Überfluß auch noch die Mücken anlockt, läuft mir in die Augen. Meine Nase kribbelt. Bloß jetzt nicht niesen. Der Anflug geht gottlob vorüber. Dafür beginnen meine Augen vom angestrengten Starren durch das Zielfernrohr zu tränen.

Endlich erscheint der Bock wieder im Absehen. Zu kurz allerdings, um zu schießen, und außerdem sind Träger und Blatt vom dichten Unterwuchs verdeckt. Ruhig atme ich wieder durch, nachdem ich die Luft angehalten hatte, ich lasse behutsam die Büchse sinken. Meine von der ungewohnten Stellung schmerzenden Glieder erholen sich. Die Zeit streicht quälend langsam dahin und zerrt an unseren Nerven. Vorsichtig blinzele ich zur Seite. Mein Führer verharrt ebenfalls regungslos wie eine Statue, mucksmäuschenstill.

An den Bewegungen des Pflanzenbewuchses erkenne ich, daß der Bock auf uns zuzieht und höchstens noch fünfzehn Gänge entfernt ist. Aber er stellt uns noch einmal vor eine kurze, harte Geduldsprobe. Behutsam nehme ich das Gewehr wieder hoch, und im Suchen erscheint endlich der Bock erneut im Zielglas. Mein Puls geht schneller, aber ruhig steht das Absehen auf dem Stich, und fast automatisch ziehe ich langsam den Abzug durch.

Zwei kurze Fluchten können wir mehr ahnen als sehen, dann herrscht Ruhe um uns herum. Nur ein Grünspecht flattert aus einer dicken Überhälterbuche davon. Später – draußen auf den Wiesen und Feldern ist schon erster Dunst zu erkennen, und im Halbschatten des Waldes wird es schon kühl und feucht – gehen wir zum Anschuß. Heller Schweiß und zehn Gänge weiter der Bock, und was für einer! Ein außergewöhnlich starkstangiger, sehr hoher Gabler, mehr ein Spießer, alt und reif. Die mächtigen Dachrosen liegen auf dem breiten, eisgrauen Haupt, und die spitzen Stangen sind bis in die Enden gut geperlt. Ein mindestens achtjähriger, knuffiger Bock, dessen Gehörn später über fünfhunderfünfzig Gramm wiegt, liegt vor uns.

Ein herzlicher Händedruck, einige tschechische Glückwunschworte und einige deutsche des Dankes. Zwar hat sie wohl keiner von uns beiden richtig verstanden, aber jeder weiß, was der andere meint. Gemeinsame Passion hilft nicht nur über Schwierigkeiten, wenn es in einem achttägigen Jagdurlaub nicht passen will, sondern auch über Sprachbarrieren hinweg. Jäger sprechen eben eine Sprache.

Um die Blattzeit

Blatten zu Beginn des Brachmondes

„Der Feisthirsch ist ein Waldgespenst, das du nur ahnst, doch niemals kennst, denn wo du meinst, da steht er nicht, und wo du wartest, geht er nicht und ist nur hoch bei Sternenlicht." Diese alte Jägerweisheit trifft ganz gewiß nicht nur für Rotwild, sondern im übertragenen Sinne auch für Rehböcke bis kurz vor deren Brunft Ende Juli zu. Bis dahin sind sie über Wochen, zumindest in unseren Heiderevieren, praktisch unsichtbar, um dann in der letzten Dekade des siebten Monats aufzutauchen. Erst dann beobachtet man sie häufiger, wenn sie suchend am Feld- oder Wiesenrand, den Windfang wie ein Schweißhund am Boden, dahintrollen auf der Suche nach einem brunftigen Stück.

Während der Bahnfahrt vom Büro nach Hause wollte ich meinen Augen kaum trauen. Auf frischgemähter Wiese trieb genau am Sommeranfang ein Bock, und das am 21. Juni, im Brachmond, wie unsere Vorfahren diesen Monat nannten. Es bestand kein Zweifel, der Windfang des Bockes klebte förmlich an der Schürze der Ricke, und es ging in schaukelnden Fluchten über die freie Fläche. Nur wenige Augenblicke waren es, in denen ich dieses Bild in mich aufnehmen konnte, von meinen Mitreisenden in der Bahn wurde es wahrscheinlich gar nicht wahrgenommen. Dann war der Zug vorbeigerast, aber der Anblick ließ mich vorerst nicht wieder los.

Es ist heiß, blödsinnig heiß, wie meine Großmutter diese schon seit Wochen drückende Schwüle zu bezeichnen pflegte. Die Menschen, besonders die Landwirte unter ihnen, stöhnen seit langem. Selbst diejenigen, die über eine Beregnung verfügen und versucht haben, ihre mittlerweile fast verdörrrten Sommergetreidefelder noch zu retten, haben bereits resigniert aufgegeben. Auch die Nächte bringen schließlich kaum noch Abkühlung. Menschen, Tiere und Pflanzen leiden unter der immer unerträglicheren Hitze und lechzen nach Kühle und Wasser.

Zu dieser Jahreszeit ist an Rehbrunft überhaupt nicht zu denken. Das Wild steht erfahrungsgemäß in schattenspendenden Einständen, dort den Tag träge verdösend. Trotzdem geht mir die Beobachtung der beiden offensichtlich brunftenden Rehe zu dieser ungewöhnlichen Jahreszeit nicht mehr aus dem Kopf, es hält mich nichts mehr, ich fahre ins Revier.

Nun ist ja bekanntlich die beste Brunftzeit die schlechteste Blattzeit, denn wenn die Böcke „wie verrückt" treiben, bringt das Blatten den wenigsten Erfolg.

Ich lasse die braun verbrannte Pferdeweide links liegen und wandere langsam in Richtung Eschenbahn. Die Pferde stehen träge im spärlichen Schatten der Obstbäume linker Hand, nur ab und zu mit einem müden Schweifschlag lästige Insekten vertreibend, ohne mich sonderlich zu beachten. Die Grasmücken, die mich normalerweise mit ihrem wunderschönen Gesang am Waldrand erwarten, sind, wie der sonst unaufhaltsam rufende Laubsänger, verstummt. Offensichtlich ist es selbst den Vögeln heute zu heiß. Mein Dackel Molly war vorausgeeilt auf dem staubtrockenen Sandweg, doch schon nach knapp hundert Metern kommt er zurückgetrabt, hechelnd, mit lang aus dem Fang hängender Zunge. Durch dichtes Brennesselgewirr steigt er die Grabenböschung hinunter, um zu trinken, kommt aber schon kurz danach wieder herauf. Was er aus seiner Dackel-Perspektive vorher nicht eräugen konnte im Gegensatz zu mir: Das Bachbett ist lange ausgetrocknet, lediglich eine harte, braune Kruste bedeckt den Boden des Grabens. Interessiert bewindet der kleine Hund die leeren Schalen eines Stareneies, das er auf dem Weg entdeckt hat, und trabt dann, müde vor sich hinhechelnd, an meiner Seite in Richtung Jagen 24.

Aus einer alten Fichte klingt lautstark der Bettelruf junger Buntspechte. Als ich das Einflugloch in dem hohlen Stamm passiere, herrscht schlagartig Ruhe in der Spechthöhle. Ob mich die offenbar hungrigen Jungen bemerkt haben oder von den Altvögeln gewarnt wurden?

Zwei Flaumfedern einer Taube hängen vor mir in Kopfhöhe in einer Fichte. Ich ergreife sie und lasse sie vom hoch nach oben ausgestreckten Arm fallen, um den Wind zu prüfen. Die Federchen aber schweben langsam, fast schwerelos, senkrecht zu Boden, ohne von ihrer Fallinie abzuweichen. Einige Meter steht eine Fuchsspur im losen, staubigen Sand auf dem Weg. Wie lange ist es her, daß Reineke hier entlangschnürte? Eine Nacht, einige Tage? Es läßt sich nicht feststellen, zu lange hatte es nicht geregnet.

Bald verlasse ich den Weg und pürsche vorsichtig durch das Altholz. Die hohen, dunklen Fichten spenden zwar Schatten, bringen aber kaum Abkühlung. Mit halbem Wind stelle ich mich hinter eine dünne, schwach belaubte Buche. „Du mußt den Bock immer ins Dunkle locken, nie umgekehrt, und blatte möglichst nie vom Hochsitz und nicht vom Feldrand aus“, waren die Worte unseres Wildmeisters. Hieran habe ich mich fast immer gehalten und oft Erfolg gehabt. Deshalb ist der Platz sicher gut ausgewählt.

Schon oft bin ich nach Patentrezepten für erfolgreiches Blatten gefragt worden. Nach meinen Erfahrungen gibt es zwar einige grundsätzliche Ratschläge, aber feste Regeln vermag ich, obwohl ich in meinem bisherigen Leben über hundert Böcke beim Blatten geschossen habe, nicht zu sagen.

Der Hund rollt sich zusammen. Er schreckt aber neugierig wieder auf, als ich, die Büchse, von der ich das Zielfernrohr abgenommen habe, zwischen Oberarm und Brust geklemmt, nach ungefähr zehn Minuten Wartezeit dem zwischenzeitlich gepflückten Buchenblatt einige hohe Fieptöne entlocke. Schon nach dem fünften oder sechsten Laut sehe ich es vor mir dunkelrot leuchten. Ein im Wildbret scheinbar starkes Reh, halb von der Sonne beschienen, aber zu zwei Dritteln verdeckt, steht auf knapp dreißig Gänge vor mir und rührt sich nicht. Auch ich verharre regungslos, mucksmäuschenstill, und selbst der kleine

Hund, der das Reh offenbar ebenfalls bemerkt hat, äugt unablässig in dessen Richtung und zittert vor Aufregung und Jagdpassion am ganzen Körper.

Das Blatt habe ich fallengelassen; die Büchse im Halbanschlag, starre ich auf den roten Fleck vor mir. Das Reh, ob Bock oder Ricke, konnte ich noch nicht ansprechen, verhofft ebenfalls regungslos. Mir erscheint es wie eine Ewigkeit, bis endlich wieder Bewegung in den Wildkörper kommt. Gleich müßten Haupt und Blatt frei sein, da aber prescht unverhofft von rechts ein fahlgelbes Reh, das ich auf die kurze Distanz unschwer als älteren, wenn nicht uralten Bock mit kurzen, knuffigen Stangen anpreche, heran. Er stürmt auf das zuerst erschienene Stück, das ich immer noch nicht freihabe, zu, und beide Rehe verschwinden in der vor mir liegenden Fichtenverjüngung, daß es nur so kracht. Zu gern hätte ich gewußt, ob das zuerst zugestandene Bock oder Ricke gewesen ist.

Es ist anzunehmen, daß mich beide nicht bemerkt haben, also scharre ich gar nicht so vorsichtig eine größere Fläche auf dem Waldboden frei, wo ich gerade stehe. Anschließend schiebe ich sorgfältig trockene Blätter, die mich durch Rascheln verraten könnten, und Zweige, die durch unbeabsichtigtes Drauftreten und Knacken das Wild vor mir warnen könnten, zur Seite. Dann hocke ich mich neben den kleinen Hund, der meine Aktivitäten anfangs neugierig beäugte und mich nun wedelnd auf seiner Ebene begrüßt.

Langsam schleicht die Zeit dahin. Ein fast haarloser, offenbar räudekranker Eichkater turnt vor mir in einer Fichte. Soll ich – oder besser nicht? Schlimm, was es für unsinnige Bestimmungen von unwissenden, sogenannten Natur- und Tierschützern gibt! Es wird den Jägern damit oftmals schwergemacht, nicht zu resignieren. Der kranke und nicht – wie sonst üblich – fröhliche und ausgelassene Waldkobold verschwindet in den Wipfeln der hohen Fichte. Hätte ich ihn doch erlösen sollen, auch wenn ich dann gegen das Gesetz verstoßen hätte?!

Eine Singdrossel schmettert unbeschwert ihre optimistischen Strophen und bringt mich bald wieder auf andere Gedanken. Ich sehe sie zwar nicht, freue mich aber an ihrem schier unerschöpflichen Reservoir variabler Gesänge, während zwei Ameisen an meinem Ärmel hochkriechen.

Zufrieden lehne ich an der junge Buche, und es ist bald eine Stunde verstrichen, seit ich die Rehe vor mir hatte. Zeit genug ist vergangen seit dem ersten Zusammentreffen mit den beiden Rehen, und zaghaft lasse ich das „Piuh-piuh“ erneut erklingen. Zunächst rührt sich nichts. Doch dann nähert sich ganz offensichtlich Wild. Zwar kann ich es nicht hören, geschweige denn sehen, aber unverkennbar warnt eine Amsel. Als sie verstummt, schimpft kurz ein Eichelhäher, und zwischendurch tickt immer wieder ein Rotkehlchen. All diese Vogellaute kommen aus derselben Richtung. Ob es der alte Bock ist?

Was ist mir nicht schon alles aufs Blatt gesprungen? Katze und Marder, Habicht und Bussard, Fuchs, und sogar einen Überläufer habe ich einmal herangeblattet. Der Hund neben mir wird nun auch unruhig, und insgeheim bin ich nicht froh über meine Entscheidung, ihn mitgenommen zu haben. Gerade bei der Blattjagd kann der vierläufige Begleiter stören und manches verderben. Aber wer kann diesen großen, dunklen Dackelaugen, die mich nun mustern, als ob sie meine Gedanken erraten hätten, widerstehen?

Lange habe ich das Buchenblatt schon wieder weggesteckt. Die Vogelstimmen, die ganz offenbar heranziehendes Wild ankünden, klingen näher, und ich wage nicht mehr, mich zu erheben, aus Angst, anwechselndes Wild könnte eine meiner Bewegungen eräugen und abspringen. Die Büchse ruht schußbereit auf den Knien. Das Vogelgezeter schwillt erneut an und ebbt dann wieder ab. Wiederum Ruhe, die nur kurz von einem rucksenden Ringeltauber irgendwo aus den hohen Gipfeln der Bäume unterbrochen wird. Plötzlich läßt eine Bewegung in den unteren, trockenen Zweigen einer jungen Fichte meinen Herzschlag für Sekundenbruchteile stocken und mich die Luft anhalten. Aber es ist kein Reh, ein Zaunkönig schwirrt davon und läßt mich enttäuscht wieder durchatmen.

Dann schimmert es rot zwischen den Stämmen. Langsam, fast im Zeitlupentempo, wie mir scheint, zieht ein Reh auf mich zu. Mal ist es völlig verdeckt, dann wieder mache ich ein Stück roter Decke aus, und schließlich ist das Stück kaum noch fünfzig Gänge von mir entfernt. Der Schaft der Repetierers geht behutsam an die Wange. Das Reh ist schon wieder unsichtbar für mich, aber das Korn zeigt in die Richtung, in der es verborgen scheint. Dann merke ich, daß es die Richtung geändert hat, es zieht zügig von mir fort. Verstohlen greife ich erneut zum Buchenblatt. Ganz zart und leise fiepe ich, wohl der Gefahr bewußt, daß der Bock – denn um einen solchen handelt es sich anscheinend – mich auf diese Distanz schnell bemerken kann. Völlig freies Schußfeld habe ich rund herum auf höchstens zwanzig Gänge. Sonst bin ich auf einzelne Lücken im Bestand angewiesen, um schießen zu können.

Von dort, wo der Rehbock verschwand, schimmert es schon nach den ersten Tönen rot. Das Blatt fällt zu Boden, die Büchse liegt an der Wange. Brechen, Keuchen, kurz sehe ich das bunte Jünglingsgesicht eines Jährlingsbockes mit ungleichen Spießchen auf mich zuziehen. Dann verhofft der Bock kaum zehn Gänge vor mir, ganz offensichtlich hat er mich oder den Hund bemerkt. Ich sehe in die dunklen, wie mir scheint ungläubig erschreckten Lichter, und im Abdrehen des Wildes fällt der Schuß.

Ich habe den schwachen Spießer in einer für diese Jagdart ungewöhnlichen Zeit erlegt, erbeutet, überlistet, und wenn es „nur“ ein schwacher Jährling war – eine spannende Jagd. Und der alte knuffige Bock? Bis zur wirklichen Blattzeit dauert es ja noch über einen Monat.

Ein bewaffneter Spaziergang

Als ich noch schlaftrunken aus der Tür des Herrenhauses trete, steht im Osten der erste fahle Dämmerungsschein der aufgehenden Sonne am Himmel. Caesar, der Weimaraner meines Bruders, wedelt mit der Rute. Er weiß, daß es zur Jagd geht. Jeder Schritt ist gespannte Aufmerksamkeit. Wir wandern möglichst lautlos durch das noch schlafende Dorf, vermeiden jedes Geräusch, um niemanden zu wecken, auch die in ihren Hütten schlafenden Hunde nicht, denn ihr Kläffen würde den jungen Morgen stören. Unter einer riesigen alten Fichte verweilend, erwarte ich den neuen Tag. Nichts rührt sich, nicht einmal der Wind. Langsam wird es heller, und Vogelstimmen beginnen den Morgen anzukündigen. Mich fröstelt.

Die Sonne ist in den letzten Tagen merklich stärker geworden, aber frühe Stunden haben noch die kühlen Temperaturen des Frühlingsmorgens. Als ich zu Hause ankam, verzauberten Krokusse den Rasen, ließen die Osterglocken auf dem feuchten Gras das Gelb ihrer Blütenblätter aus den Knospen leuchten. Die weißen Bachstelzen trippeln bereits in flinken, kleinen Schrittchen hinter allerlei Insekten her und bringen vergnügte Abwechslung auf den Hof. Alles ist in Erwartung des lang ersehnten Sommers.

In der Ferne krächzen Rabenkrähen und wecken mich aus meinen Gedanken. Wahrscheinlich ist es das Paar, das seit Jahren mit faszinierender Standorttreue in den nahen Fichten horstet, zu denen auch ich vorsichtig pürschen will. Mackerodt, unser alter Wildmeister, nannte diese Zeit den Advent der Jagdzeit auf den roten Bock.

Ich erhebe mich vorsichtig, um weiterzupürschen. Noch hat die hochbeschlagene Ricke, die, als ich aufstehen will, laut schreckend vor mir abspringt, nicht verfärbt, sondern ist struppig grau. Caesar beobachtet aufmerksam jede ihrer Bewegungen. Als mich der Hund bei unserem Aufbruch heute morgen mit seinen auffallend hellen Weimaraneraugen ansah, war ich noch skeptisch, ob ich ihn mitnehmen sollte. Er ist jung und steckt noch voller Unruhe und kaum gezügelter Passion, was besonders für die Jagd auf den rucksenden Tauber Schwierigkeiten bringen kann. Dann konnte ich diesem Blick doch nicht widerstehen, und irgendwann muß er es ja schließlich lernen. Nun hoffe ich auf Erfolg in der Nähe des Jagens 29. Es ist eine Abteilung im Revier, in der viele hohe Fichten stehen. Anziehungspunkt auch für die Tauben aus der weiteren Umgebung. Besonders der Überfallsgraben, ein kleiner, sauberer Bach, der, nachdem er noch vor einigen Wochen nach der Schneeschmelze stark angeschwollen und streckenweit sogar über die Ufer getreten war, jetzt wieder in seinem alten Bett durch diesen Bestand plätschert. Hier kann man die Vögel gut bei ihrem Abend- oder Morgenbad abpassen.

Das Zilp-zalp des kleinen, unscheinbaren Weidenlaubsängers und das Schlagen des Buchfinken sind zu dieser Jahreszeit fast den ganzen Tag zu hören. Es scheint, als ob einer den anderen in der sich langsam erwärmenden Luft an Lautstärke übertreffen wolle. Ich kann die beiden Sänger trotz angestrengten Suchens in den dichten Zweigen aber nicht ausmachen.

Da fällt mein Blick auf eine kleine Erle vor mir, an der ein Bock gefegt hat. Ich kenne in dieser Gegend nur Jährlinge. Den Spuren an dem jungen Stamm nach zu urteilen, könnte es aber ein stärkerer Bock gewesen sein, der hier seinen Einstand markiert hat.

Auf der Suche nach weiteren Fege- oder Plätzstellen und auch nach einem günstigen Standort für das Errichten eines sofort geplanten Sitzes, dringe ich aufgeregt, aber vorsichtig, in das Erlengehölz vor, bis plötzlich lautstark Rotwild fortbricht. Caesar äugt mich, so kommt es mir beinahe vor, vorwurfsvoll an. Etwas beschämt schleiche ich zurück. Verschiedene Plätz-

Keine Scheu vor menschlichen Siedlungen, aber auch gern ein heimlicher Feld-einstand; beides ist für Rehwild typisch

In den Örtzewiesen spielt ein Großteil meines jagdlichen Erlebens – und Wild ist dort nicht selten

stellen verraten, daß wohl doch ein älterer Bock diese heimliche Ecke des Reviers als Einstand gewählt hat.

Wie kann ich hier einen Pürschpfad anlegen? Wohin wird der Bock, abends oder morgens und bei welchem Wind, ziehen? Wo verbringt er den Tag? Wie stelle ich es am besten an, ihn möglichst bald in Anblick zu bekommen? All diese Fragen heischen nach Antwort.

Während ich grübele, welcher Bock es wohl sein könnte, man glaubt ja irrtümlich, fast sein gesamtes Wild im Revier zu kennen, äugt der Hund gespannt in den Erlenbestand, und da steht er. Ein Bock mit seltsamem Kopfschmuck: Im Glas sehe ich zwei Stangen, die über den Rosen zusammengewachsen sind, so sieht es jedenfalls aus. Als ob aus einer großen Rose eine einzige dicke Stange herausrage, die sich nach ungefähr fünf Zentimetern gabelt. Nie vorher habe ich ein auch nur annähernd ähnliches Gehörn gesehen. Gemächlich zieht der Bock von mir fort und verschwindet schließlich in den Erlen.

Bockjagd ist doch etwas Aufregendes. Es dauert nicht mehr lange bis zum 16. Mai: Advent der Jagdzeit auf den roten Bock.

Ende April errichten wir am Rande des zum Teil recht feuchten Erlengehölzes eine Kanzel. Verschiedentlich sitze ich hier, sehe den Bock vorerst jedoch nicht wieder.

Von zwei Stellen aus hatte ich bereits mit Erfolg geblattet. Beide Male hatte es fast programmgemäß geklappt. Das eine Mal lockte ich mittels eines Buchenblattes, mit meiner „Musik vom Baum“ sogar einen treibenden Bock von seiner Ricke fort. Quer über eine große Wiesenschlenke kam er aus mehreren hundert Metern direkt auf meinen Sitz zu und verhoffte nur einige Gänge vor mir.

Das zweite Mal stand mir schon nach wenigen Fieptönen ein Bock zu und brachte den abgelegten Hund in arge Gewissenskonflikte. Aber Disziplin ist Disziplin, Erziehung ist Erziehung, auch bei der heutigen Hundejugend.

Beide Böcke waren zwar nicht stark, jedoch jung und gesund. In unserem Heiderevier sind im Gegensatz zum Rotwild, das sich in den letzten Jahren erstaunlich gut entwickelt hat, die Rehböcke schon zu Zeiten meines Großvaters nicht sonderlich stark gewesen, und alle Hegebemühungen waren erfolglos. Für mich der Beweis, daß zumindest beim Rehwild der Ausleseabschuß, auch vieldiskutiert, ja geschmäht als die „Hege mit der Büchse", auf die Trophäenqualität der Böcke gar keine oder zumindest kaum nennenswerte Auswirkungen zeigt.

Jahrzehnte haben wir in diesem Revier den Rehwildabschuß nach letzten jagdkundlichen Erkenntnissen mit bestem Wissen und Gewissen erfüllt. Die Gehörne, die wir im Laufe der Jahre erbeuteten, wurden nicht besser. Zu Zeiten meines Großvaters wurden mehr Sechser geschossen, notgedrungen, denn man schoß damals keine anderen Böcke. Als Jungjäger erlegte ich jeden Knopfbock, ob stark an Wildbret oder nicht, spielte keine Rolle. Was Wunder, daß wir mehr Knopfer schossen als je zuvor. Zwölf Knopfspießer in einem Jahr waren damals mein Rekord auf knapp vierhundert Hektar. Letztendlich hat weder das Eingreifen meines Großvaters geschadet noch meine „Hege" Erfolge gezeigt.

Ich bin zufrieden. Offenbar habe ich das Fiepen auf dem Buchenblatt während des vergangenen Jahres nicht verlernt. Die Wahl meines dritten Ansitzplatzes an diesem schönen, sonnigen Augustnachmittag fällt auf die offene Kanzel an den Erlen. Auf der anderen Seite ist ein großer Kahlschlag entstanden, der durch dichtes Brombeergerank und Birkenanflug vom Boden aus kaum Einsicht gewährt. Ich sitze auf der bequemen Holzbank und lasse meine Blicke in die Runde schweifen. Einige Birken hat ein Bock bei der Markierung seines Einstandsgebietes derart zerfegt, daß sie mehr einem zerfledderten, vergessenen Fronleichnamsbusch als einem jungen Birkenstamm gleichen. Selbst einige der stacheligen Sitkafichten, früher gegen Wildverbiß vereinzelt in den Verband der Kultur mit eingebracht, wurden von dem Temperament dieses Raufboldes nicht verschont. Ob es der „Geschnürte" ist? Hat er hier immer noch seinen Einstand?

Durch die beiden Erfolgserlebnisse an diesem Tag ist mein Selbstvertrauen groß. Vor meinem geistigen Auge sehe ich meine Trophäenwand bereits um ein weiteres, sehr interessantes Gehörn bereichert. Frische Plätzstellen verstärken meine Vorstellungen. Es fällt mir schwer, die übliche Viertelstunde zu warten, bevor ich mit meinen Locktönen beginne. Aber ich beherrsche mich, um mir ja nicht die Chance auf diesen Bock entgehen zu lassen. Der Weimaraner sitzt aufrecht unter der Leiter. Als ob er wüßte, worum es heute geht. Aufmerksam äugt er in die Runde. Endlich ist es soweit, und zaghaft lasse ich das „Piu" durch den Bestand klingen. Augenblicke später steht ein kurz- und dünnstangiger junger Bock fast unter der Leiter. Durch das achtfache Glas hole ich ihn mir noch näher. Seine Decke wirkt fahl und struppig. Neugierig und unbefangen sucht er vorsichtig mit tiefem Windfang systematisch das hohe Gras des Waldweges ab. Schließlich wird er unruhig. Die dunklen, ausdrucksvollen Lichter sind auf die unteren Leitersprossen gerichtet. Belustigt erfreue ich mich an seinem jugendlichen, verdutzten Gesichtsausdruck. Dann äugt der „Lausbub" unverhofft in eine ganz andere Richtung.

Ist es unfair, den Urtrieb eines so grazilen Geschöpfes zu nutzen, um ihm eine tödliche Kugel auf das Blatt zu setzen? Nein, denn auch in mir ist der Urtrieb zu jagen vorhanden. Auf das „Wie“ kommt es an. Außerdem haben sich die Rehwildbestände aufgrund der offensichtlich zu schonenden Bejagung in den letzten Jahren stark vergrößert. Im Frühjahr beobachtete ich auf meinen abendlichen Pürschgängen bis zu fünfzig verschiedene; jetzt, wo man im Wald kaum fünf Schritte weit sehen kann, begegnet man den Rehen fast nur auf den breiteren Schneisen. Doch die Sandwege lassen an Hand des Fährtenbildes viel Rehwild vermuten. Zu Gesicht bekommt man es allerdings zu dieser Jahreszeit nicht so häufig.

Soll ich das Glas mit der Büchse vertauschen? Da erhasche ich aus den Augenwinkeln, dort, wo das Böckchen hinäugt, eine rote Bewegung, kurz nur, sehr kurz, aber lange genug, um meine innere Unruhe zu steigern.

War es nun eine Ricke, was da eben rot aufleuchtete? Soll ich noch warten und die Chance unter mir vertun? Ich bin froh, daß der Hund mein gewiß nicht sehr intelligent dreinschauendes Gesicht vom Boden aus nicht sehen kann. Wie heißt es im Sprichwort: Lieber den Spatz in der Hand ... Trotzdem warte ich. Zweifel kommen nur für kurze Zeit auf. Schon wieder ist da ein kurzes, braunrotes Aufleuchten zwischen den hellen Stämmen. Aufreizend nah. Ich schiele nach unten. Der Hund spürt, daß noch mehr Wild in seiner Nähe ist. Er sitzt aufrecht, zittert am ganzen Körper und ist nur noch Raubtier, genau wie ich. Was unterscheidet uns in diesem Augenblick voneinander? Die Überlegung, was Hege ist?

Es wäre ein leichtes, den Bock unter mir zu schießen. Sein Benehmen läßt ahnen, daß er schon mit einem stärkeren schlechte Erfahrungen gemacht hat. Leise dringt sein unterdrücktes Keuchen zu mir herauf. Aufgeregt tritt er von einem Vorderlauf auf den anderen und äugt dann in die gleiche Richtung wie ich. Lautlos lasse ich das Glas sinken und greife vorsichtig zur Büchse. Immer noch zögere ich. Soll ich, oder soll ich nicht?

Mein Blick geht wieder in die Richtung, aus der soeben ein

Ästchen knackte und das Anwechseln von Wild verrät. Und wieder ist dort eine kurze, rote Bewegung. Jede, auch die kleinste Deckung ausnutzend, zieht ein Reh näher, ich ahne es mehr, als daß ich es sehe. Das Gezeter von Drossel und Rotkehlchen wird lauter. Der schwache Bock unter mir steht absprungbereit, kann sich aber offenbar nicht entschließen. Mir geht es ebenso.

Das kurze Aufleuchten war zu verlockend. Immer noch zögere ich. Was ist richtig, was falsch? Zweifelsohne wäre das Erlegen des Bockes unter mir ein „Hegeabschuß". Aber wo ist die Grenze der Hege erreicht? Wo beginnt die Ernte, die verdiente? Wo fängt „Jäger sein" an, und wo hört „Heger sein" auf? Ich habe zwar die Mitverantwortung für dieses Revier, gewiß, aber wer weiß unter meinen Mitjägern von dem schweren Gefecht, daß in mir entbrannt ist. Soll ich den „Abschußbock" erlegen oder auf den „Erntebock" warten? Sekunden werden in solch einer Situation zu Minuten, Minuten fast zur Ewigkeit. Arge Gewissensbisse quälen mich. Durch einige Bewegungen der Zweige bemerke ich, daß das noch nicht angesprochene Reh davonschleicht.

Unverhofft springt auch der Bock unter mir ab. Lautstark schreckt er aus der sicheren Fichtendickung. Die Augen des Hundes äugen, so kommt es mir vor, voller Verachtung zu mir herauf. Unterscheidet uns in solch einer Situation wirklich nur die Überlegung der Hege vom Raubtier?

Wenige Tage später erlege ich den jungen Bock. Das Aussehen hatte nicht getäuscht. Die Leber ist voller Egel. Ich hätte ihn schon vorher schießen können. Nachdenklicher als sonst trage ich diesen Bock nach Hause. Ob das andere Reh der Bock mit dem abnormen Gehörn war, der, seit ich ihn im Frühjahr beobachtet habe, oft in meinen Gedanken herumspukte? Wir alle, die wir hier jagen, wundern uns allerdings, daß in diesem Jahr in den Erlen und auch in weiterem Umkreis nie ein älterer Bock beobachtet wird. Ob hier nun ein ganz Heimlicher seinen Einstand hat? Vielleicht der Abnorme? Ich sitze oft auf der Kanzel oder pürsche bei gutem Wind die Graswege entlang, die, als Rückeschneisen angelegt, fast lautloses Vorankommen ermöglichen. Auch andere, die im Revier jagen, „kümmern“ sich um den Bock, von dem ich so begeistert berichtet habe – ohne Erfolg.

Im Spätherbst des folgenden Jahres lädt mein Bruder zu einem „bewaffneten Spaziergang“ ein. Die Niederwildbesätze scheinen sich zu halten trotz widriger Umstände, denn das Revier ist, wie wohl viele Jagden, nicht von der Entwicklung verschont geblieben, wird mehr und mehr von Erholungsbedürftigen, leider oft allzu unverständigen Städtern, mehr heim- als aufgesucht. Die Unruhe auf diesem früher so einsamen, heimlichen Fleckchen Erde hat stark zugenommen. Trotzdem habe ich im Sommer während der Bockjagd zahlreiche Hasen beobachtet, habe mich an dem Anblick vieler Kaninchen erfreut und trotz regen Faltboot-Verkehrs mit großer Genugtuung dem lauten Rufen der Stockenten auf dem kleinen Heideflüßchen Örtze gelauscht.

So fahre ich frohgemut ins heimatliche Revier. Es ist diesig, ein echter Herbsttag. Die letzten Blätter halten sich noch an den Bäumen. Sie geben dem Wald eine zwar hübsche, gleichwohl melancholische Stimmung. Sie erinnern an den ewigen Kreislauf der Natur, an Leben und Sterben – der Winter ist nicht mehr fern. Einige Spatzen schimpfen von der Dachrinne des Gutshauses, als ich aus dem Wagen steige. Das Jagdhorn lasse ich auf dem Rücksitz liegen. „Aufbruch zur Jagd“ zu blasen, ist für einen bewaffneten Spaziergang wohl fehl am Platze. Es klart zeitweilig auf, als wir uns auf den Weg machen.

Der Wald ist noch schwer vor Feuchtigkeit, und ab und zu tropft es von den Zweigen. Gut, daß ich Gummistiefel anhabe.

Fünf Schützen sind wir. Unser jagdbegeisterter Nachwuchs, ebenfalls zu fünft, begleitet uns. Dazu natürlich die „Hauptpersonen", zwei passionierte Hunde, die aufgeregt und voller Erwartung durch Winseln und ausgelassene Sprünge ihrer Freude Ausdruck verleihen. Schwer zu sagen, wer sich mehr freut, die kleine Schar der Menschen oder die beiden vierläufigen Begleiter. Am Familienfriedhof vorbei geht es, und schon erreichen wir eine wohl dreißigjährige, erst kürzlich durchforstete Kiefernschonung. Seit langer Zeit holen wir uns hier jedes Jahr unseren Weihnachtshasen, wenn er abends auf das nahe Feld rückt.

Auf den Äckern herrscht nun Ruhe. Die Ernte der Landwirte ist eingebracht: Die Zeit für die Ernte des Jägers ist da.

Kaninchen, über Jahre hatten wir den Eindruck, sie seien hier ausgestorben, können ihre Anwesenheit nicht verbergen. Befahrene Baue sind an dem frisch aufgeworfenen Erdreich relativ einfach zu erkennen. Die Lapuze aber werden bei dieser ungemütlichen Witterung wahrscheinlich im Bau liegen.

Man hat gute Sicht in dem jungen Bestand. Dicke Moospolster dämpfen unsere Schritte und Geräusche, als wir gut verteilt in breiter Front langsam vorwärtsgehen. Nur das Brechen der unteren, meist abgestorbenen, trockenen Äste ist zu hören.

Links von mir geht mein Bruder, und vor mir reviert „Caesar", sein Weimaraner, kreuz und quer. Kommt er an eine der Bentgrasinseln, ist er gegen diesen hellen Hintergrund kaum auszumachen, so perfekt ist seine Tarnfarbe. Verlangsamt der Rüde seine Suche, schlägt mein Herz für einen Augenblick höher – sitzt dort vielleicht ein Hase?

„Molly", mein kleiner Rauhhaarteckel, hat Mühe, in dem hohen Beerenkraut eine Quersuche auf seine Art durchzuführen. Ich habe ihn auch geschnallt. Mit tiefer Nase sucht der kleine Wicht in etwas plumpen Sprüngen, mit hochgestellter Rute, ab und zu Waidlaut gebend, ebenfalls vor mir. Anfangs noch versucht er voller Passion, seinem großen Freund, dem

Weimaraner, der stürmisch in weiten Sprüngen den geläuterten jungen Bestand absucht, zu folgen. Aber schon bald gibt der Dackel auf und geht seine eigenen Wege. Plötzlich verharrt Caesar aus vollem Lauf und steht zwischen meinem Bruder und mir fest vor. Nur ein ab und zu zuckender Muskel verrät, daß Leben in diesem „Denkmal" ist. Da flüchtet ein Hase nach links, direkt auf den Bruder zu. Der Hund prescht lauthals hinterher. Ich reiße zwar reflexhaft die Flinte hoch, aber Lampe ist schon hinter Büschen und Zweigen meinen Blicken entschwunden.

Da sehe ich aus den Augenwinkeln, wie mein Bruder anbackt. Kurz darauf fällt ein Schuß. Caesar kommt freudig mit hocherhobenem Kopf und apportiert den Mümmelmann seinem Herrn.

Das erste „Treiben", der erste Schuß und der erste Hase – wie schön kann so ein verhangener Novembertag doch sein, zumal sich die Sonne immer wieder für kurze Momente gegen Dunst und Nebel durchsetzt und zeitweilig noch ihr Feuer an den alten und hohen Kiefernstämmen des Nachbarbestandes rot entzündet.

Ich folge, die geladene und gesicherte Flinte in der Armbeuge, einem ausgetretenen Rotwildwechsel, und während meine Augen zu den Kiefernkronen emporwandern, ab und zu ein Stück des grauen Himmels erhaschen und dann wieder den beiden Hunden folgen, die – jeder auf seine Art – passioniert vor uns suchen, entdecken sie plötzlich das Ende einer Abwurfstange. Petschaft, Rose, Aug- und Vordersprosse registriere ich, während ich mich bücke und die Stange eines Rehbockes aus dem feuchten Waldboden ziehe. Über ein Jahr hat sie hier wohl gelegen. Mäuse, vielleicht auch Eichhörnchen, haben sie zwischenzeitlich „bearbeitet".

Ich bin hocherfreut, denn es ist kein Zweifel möglich: Den Träger dieser Abwurfstange haben wir alle das ganze Jahr über verfolgt. Es ist der Abnorme. Wer von uns hätte jemals gedacht, daß er sich seinen Einstand in dieser unruhigen Revierecke suchen würde? Immerhin sind wir gut zwei Kilometer von dem Platz entfernt, an dem ich ihn vor zwei Jahren zuletzt beobachtete und seitdem vermutete.

Die Abwurfstange wandert von einer Hand zur anderen. Wir begutachten und bewundern sie, stellen Überlegungen an, diskutieren das ungefähre Alter des Bockes und sind immer wieder erstaunt, daß er so weit gezogen ist. Hier, wo wir ihn jetzt vermuten, ist ziemlich starker Betrieb. Freizeit-Reiter preschen die Sandwege entlang, Leute aus dem nahen Dorf führen ihre Hunde spazieren, und an den Wochenenden hat es kaum Zweck, hier zur Jagd zu gehen, da zumindest in den Abendstunden stets Menschen unterwegs sind. Der Fund freut mich ungemein, und ich stecke ihn in meine Tasche, um ihn auch meiner Tochter Trixi, die heute als jüngste Treiberin das erste mal dabei sein darf, zu zeigen.

Klatschender Schwingenschlag läßt mich kurz zusammenzucken. Im Nu liegt die Flinte am Kopf, aber die abstreichende Ringeltaube war schneller als ich. Schon haben die dichten Äste der Kiefernkronen sie förmlich verschluckt. Die beiden Hunde haben diese kleine, aufregende Begebenheit gar nicht wahrgenommen. Sie suchen weiter, als sei nichts geschehen.

Da stoßen wir auf eine breite Schneise, die zwei Dickungskomplexe eines Jagens trennt. Sehr hoch fliegen Tauben, die wir vorher aufgescheucht haben, zu weit für einen sicheren Schuß, aber noch während ich ihnen nachschaue, streichen drei Nachzügler in guter Entfernung über mich hinweg. Schon habe ich die Flinte erneut hoch. Im mitgeschwungenen Schuß fällt einer der Vögel, bleibt kurz in der dichten Krone einer Kiefer hängen, um dann weich und fast lautlos auf dem bemoosten, feuchten Waldboden aufzuschlagen. Leichte Flaumfedern zeichnen den Weg des Vogels in der Luft.

Wild stürzen sich die Hunde auf ihre Beute – natürlich ist Caeser viel schneller bei ihr als der Teckel. Als dieser endlich interessiert die Stelle bewindet, an der der blaugraue Vogel gelegen hat, hat der Weimaraner ihn schon lange meinem Bruder gebracht. Angewidert schüttelt er sich nun die ihm unangenehmen Flaumfedern aus dem Fang. Aufgeräumt bücke ich mich und hebe die leere Pratonenhülse, die der Ejektor weit von mir geschleudert hat, aus dem feuchten Moos. Kurz darauf springt hinter mir im hohen Heidekraut ein Hase auf und rettet seinen Balg unbeschossen. Er hatte sich gedrückt, war von uns unbemerkt geblieben und von den Hunden überlaufen worden.

Wir treffen wieder zusammen, mein Bruder, ein Freund, dessen Sohn und ein Vetter sowie die kleine Treiberschar. Die beiden Hunde angeleint, geht es weiter. Diesmal liegt eine schmale, aber bürstendichte Dickung vor uns. Drei Schützen schickt mein Bruder zum Vorstehen an das andere Ende des Dickungsstreifens. Wir warten geraume Zeit, kraulen unser Hunde, plaudern und rauchen. Mühsam arbeite ich mich dann durch den Jungholzstreifen zwischen dem Überfallgraben und einem Sandweg. Die vielen Lärchen haben ihre Nadeln zum Teil schon abgeworfen, der Rest rieselt mir in den Nacken. Zähe Brombeerranken versuchen meinen Schritt immer wieder zu stoppen, wohingegen Caeser die Dornen nichts ausmachen. In weiter Suche galoppiert er vor mir her. Da – er verhält. Ich höre es mehr, als daß ich es sehe, und schon fährt ein Hase aus der Sasse. Kaum fünf Meter entfernt, aber für mich zu unverhofft und zu plötzlich, als daß ich im Gewirr von dichtem Unterholz und sperrigem Beerengerank die Flinte rechtzeitig hochreißen und einen sicheren Schuß anbringen könnte.

Der vor mir nur als Schatten wahrgenommene Mümmelmann ist wie der Blitz verschwunden. Caesar zeigt mir lauthals die Fluchtrichtung an. Klarer Spurlaut, der sich nun fast überschlägt und in Sichtlaut wandelt, erklingt. Auch Molly beteiligt sich an der Jagd, wie ich vernehme. Vor Eifer und Passion aufheulend, folgt er dem Krummen ebenfalls. Mit angehaltenem Atem verfolge ich die laute Flucht, aber es fällt kein Schuß.

Minuten später ist Caesar wieder zur Stelle und sucht erneut konzentriert den Streifen vor mir ab. Molly ist ebenfalls bald zurück. Unermüdlich sucht der kleine Geselle mit tiefer Nase in schier unbegrenzter Jagdleidenschaft kreuz und quer, als sei er nicht müde zu kriegen. Immer wieder bewundere ich die Ausdauer, die er an solchen Tagen zeigt.

Ein Reh prasselt vor mir davon. Ich ahne es mehr, als daß ich es sehe. Laut rätschend kommt ein Eichelhäher angestrichen und setzt sich auf den untersten trockenen Ast einer Kiefer, nur zwanzig Gänge von mir entfernt. Die wenigen, spärlichen Sonnenstrahlen bescheinen sein hübsches Gefieder. Neugierig äugt er zu mir herüber, bevor er laut schimpfend weiterstreicht, aber dabei erreichen ihn meine Schrote. Die Hunde kommen. Wieder ist der Vorstehhund schneller. Er nimmt den Vogel auf und trägt ihn zu meinem Bruder. Zwei Schüsse fallen kurz hintereinander. Als auch dieses „Treiben" beendet ist, haben wir einen weiteren Hasen erbeutet.

Frohgemut stapfen wir nun über die fast kahlen Felder Richtung Örtze. Dieses idyllische Flüßchen wird hier von einer Kiefernschonung gesäumt, aus der unsere Hunde schon so manchen Hasen brackiert haben. Am Ufer stehen alte Eichen, deren ins Wasser plumpsende Früchte jetzt im Herbst Enten anziehen. Wir haben Glück. Als wir uns in breiter Front, die Hunde noch am Riemen, dem Flüßchen nähern, steigen laut quakend mehrere Breitschnäbel auf. Sechs Schüsse fallen, und kurz danach treiben zwei bunte Erpel und eine unscheinbar gefärbte Stockente auf der Wasseroberfläche flußabwärts. Für Caesar gar kein Problem. Mit dem Apportieren hat er Erfahrung. Er bringt die feisten Vögel, einen nach dem anderen. Molly dagegen behalte ich am Riemen, ihm bereitet die starke Strömung des Flüßchens doch Schwierigkeiten.

Kurze Verschnaufpause, dann brechen wir auf zum letzten Akt. Wir stehen noch gar nicht an den uns zugewiesenen Plätzen, da gibt Molly bereits Laut. In einer abgetrockneten

Schilffläche, unter lichten Erlen mit eingesprengten Fichten, ist der kleine Bursche kaum zu orten. Immer wieder jagt er lauthals im Kreis – das Gejagte allerdings kann ich nicht sehen. Sollte es ein Kaninchen gewesen sein oder gar ein Marder oder Iltis? In dieser Ecke des Reviers sind meine beuteträchtigsten Fangplätze. Nach kurzer Zeit bemerke ich einen Hasen, der sich, jede Deckung ausnutzend, davonstehlen will. Freund Berhtold steht auf der anderen Seite des kleinen Fichtenhorstes. Zu ihm flüchtet Meister Lampe. Dann fällt sein Schuß. Eher als der Schütze ist Molly an der Beute und verteidigt sie, grimmig knurrend, bis auch ich herangetreten bin und sie aufnehmen darf. Die Freude ist groß. Bei mir über die Arbeit des kleinen Hundes, beim Erleger über den guten Schuß und am größten wohl bei meinem kleinen, vierläufigen Begleiter.

Als bewaffneter Spaziergang gedacht, ist es ein ereignisreicher und stimmungsvoller Jagdtag geworden, der nun zu Ende geht. Wir sitzen im trockenen, raschelnden Eichenlaub, diskutieren und philosophieren unter anderem auch immer wieder über diesen abnormen Bock und die gefundene Abwurfstange. Molly, das kleine Energiebündel zu meiner Rechten, äugt mich mit seinen großen, dunklen Augen ein wenig müde an, bevor er zur Seite sackt, einmal aufstöhnt und kurz danach im Traum mit „Jiffjiff" und zuckenden Läufen weiterjagt. Caesars helle, ausdrucksvolle Weimaraner-Augen hingegen drängen voller Jagdleidenschaft erwartungsvoll, ja fast auffordernd zu weiteren Taten!

Es war ein wunderschöner Tag mit einigen besinnlichen Stunden. Außerdem haben wir mit gutem Gewissen Beute gemacht und sind mit Erfolg unserer Passion nachgegangen. Schade, daß ich mein Jagdhorn nicht mitgenommen hatte ...

Die Abwurfstange liefert auch noch Wochen später Gesprächsstoff. Oft bin ich draußen, um nach der Paßstange zu suchen. Als begeisteter „Zackelsucher" habe ich ein eigenes System entwikkelt. So vermeiden Hirsche nach meiner Erfahrung, ihre Stangen in dichten Beständen zu verlieren, vielleicht, weil Zweige an die manchmal noch schweißende Wunde auf den Rosenstöcken schlagen. Vater Rüpke sagt immer, wenn er wieder einmal eine Stange im hohen lichten Holz gefunden hatte: „Dort, wo ich nicht gern reingehe, geht ein Hirsch auch nicht gern rein." Wie recht er hat. So sind Wechsel, die durch einen Bach führen, stets interessant und äußerst ergiebig. Unsere Waldarbeiter fanden auch beim Grabenausheben manche Abwurfstange.

Vor einigen Jahren beobachtete ich einen Hirsch, einen Sechser, mit nur noch einer Stange. Er verlor sie beim Überfallen eines Baches. Nach einigen zögernden, torkelnden Gängen zog der junge Hirsch zurück in den Graben und schien verdutzt nach seinem verlorenen Kopfschmuck zu suchen. Ein komischer Anblick, als er nach geraumer Zeit, unsicher mit dem Haupt immer wieder unkontrollierte, schüttelnde Bewegungen machte und davonzog. Die zweite Stange habe ich nie gefunden. Und trotz eifrigen Suchens finde ich auch die Paßstange des abnormen Rehbockes nicht, aber ich bin zuversichtlich, jetzt, wo ich seinen Einstand zu kennen glaube. Die gefundene Stange liegt seitdem auf meinem Schreibtisch. Oft halte ich sie nachdenklich in meinen Händen und freue mich insgeheim auf den Mai ...

Es ist schon Anfang Juni, als ich am Schäferdamm hocke, der an der Feldmark entlang zum Nachbardorf führt. Der Wind steht gut vom Wald zum Feld. Ich sitze noch nicht lange am Fuß eines großen Wildkirschenbusches, als ich schon die ersten Rehe ausmache, deren Lauscher da und dort aus dem Getreide herausragen. Der Abend verspricht schön und abwechslungsreich zu werden. Nahezu eine Stunde bin ich mit dem Beobachten der immer wieder kurz über dem Getreide auftauchenden Rehköpfe beschäftigt – mein Bock ist nicht darunter – da kommt ein Hase aus der Kieferndickung angehoppelt, an deren Rand ich kauere. Bis auf knapp einen Meter nähert er sich, nimmt aber von mir keine Notiz, sondern entfernt sich langsam wieder auf dem Sandweg. Plötzlich macht er einen Kegel, sichert in Richtung Dorf und ist gleich darauf in den jungen Kiefern verschwunden.

Heute bin ich beileibe nicht der einzige im Wald. Gespannt schaue ich in die Richtung, aus der wohl demnächst etwas Menschliches kommen wird. Aha, ein Liebespärchen nähert sich eng umschlungen auf dem Wege und schlendert, ohne mich zu bemerken, weiter. Kaum ist es verschwunden, erscheinen ein junger Bock und ein weiterer Hase. Diese weichen schon bald einer männlichen Person. Sie wird von einem stärkeren Hund begleitet, der immer wieder einen weggeworfenen Stock bringen muß. Mit schwindendem Büchsenlicht sinkt auch meine Hoffnung darauf, daß der Bock austritt. Als es dunkel ist, wandere ich langsam nach Hause, abwechslungsreich war der Abend ja, wenn auch nicht so, wie ich es mir vorgestellt hatte.

Am nächsten Abend habe ich mich ein wenig verspätet, wähle aber denselben Ansitzplatz wie am Vortage. Es ist die einzige Stelle, von wo aus ich Deckung habe, der Wind gut steht und Rehwild vom Boden aus anzusprechen und zu schießen ist. Ein Hochsitz befindet sich nicht in der Nähe. Ich nehme den Weg quer über die Felder, mehr aus Gewohnheit denn aus Notwendigkeit. Meine frische Spur würde das austretende Wild am Waldrand kaum vergrämen. Schon gar nicht hier in dieser von Menschen überlaufenden Gegend. Offenbar ist noch kein Wild unterwegs. Es ist diesig, unfreundliche Witterung und beginnt nun leicht zu regnen. Für mein Vorhaben ideal, denn gewiß wird mich heute kein Spaziergänger, Jogger oder Hundeführer stören. Vielleicht veranlaßt dies auch den Bock, früher als sonst auszutreten.

Es wird langsam dämmerig, viel zeitiger als in den vorangegangenen Tagen. Zwei sich verfolgende Spitzmäuse lenken mich ab. Hin und her huschen sie, vernehmlich raschelnd, durch das trockene Laub. Kurz verschwinden sie unter der Erde und erscheinen wieder nur wenige Zentimeter von meinen Stiefelspitzen entfernt.

Rechts von mir am Waldrand tritt bei noch gutem Licht ein Reh aus. Als es kurz aufwirft, meine ich durch das Glas zwischen den Lauschern etwas erkannt zu haben. Da dreht es sich, plätzt und fegt anschließend einen Busch am Wegrand, ein Bock also. Als er sich wieder wendet und auf das Feld ziehen will, verhofft er auf dem hellen Sandweg. Ich erkenne, mit angestrichener Waffe durch das Zielfernrohr, daß es der Abnorme ist und drücke ab. Es ist bereits dunkler geworden, und das Mündungsfeuer meines kurzen Stutzens blendet mich dermaßen, daß ich kein Schußzeichen erkennen kann. Ob der Bock liegt? Also warte ich eine Weile und begebe ich mich dann gespannt zum Anschuß. Dort liegt der Bock mit dem gar seltsamen Gehörn, im Hochblattschuß sofort verendet.

Kein Zweifel, es ist mein alter Bekannter aus den Erlen. Das Gehörn erscheint mir nicht mehr so stark wie noch vor zwei Jahren. Die Stangen sind auch in diesem Jahr an den Rosen fast zusammengewachsen. An diesem Charakteristikum habe ich ihn wiedererkannt: nicht nur heute, auch als ich seine Abwurfstange bei unserem gemeinsamen Jagdtag gefunden und er mir dadurch im letzten Winter seinen neuen Einstand verraten hatte.

Mein verstorbener Großonkel Franz v. Harling, Forstmeister in Ludwigslust und ehemaliger Besitzer des Rittergutes, das an das meines Bruders grenzt, behauptete, Rehböcke seien „blödsinnig“ standorttreu. Man könne normalerweise jeden Bock genau dort erlegen, wo man ihn einmal gesehen habe oder höchstens hundert Meter im Umkreis, manchmal allerdings erst nach einigen Jahren. Nun, im Falle des Geschnürten hätte der alte Herr geirrt.

Kontraste

Ältere Böcke haben bereits gefegt. Deshalb zieht mich die Neugier auf das, was sie im vergangenen Winter geschoben haben, auch an diesem Nachmittag wieder hinaus ins Revier. Es ist zu früh, um sich anzusetzen. Die Sonne steht noch hoch am Himmel. Daher verweile ich kurz, setze mich auf eine kunstvoll geschnitzte Bank am Wegrand, die irgendein Wanderverein hier, ohne den Grundbesitzer, meinen Bruder, um Erlaubnis zu fragen, aufgestellt hat. Ich hänge meinen Gedanken über die immer stärker werdende „Möblierung" der Feldmark nach, denn direkt neben der Bank steht zwar ein Papierkorb, aber liebe Mitmenschen haben Bierdosen und anderen Müll achtlos danebengeworfen.

Die Wilden Kirschen, eigens für das Wild gepflanzt, blühen kräftiger als je zuvor. Die vollen, weithin leuchtenden, weißen Blüten veranlassen mich zu glauben, daß man all das, was man der Natur hier in den letzten Jahren angetan hat, auf andere Art wiedergutmachen will. An den Feldrändern steht vereinzelt noch gelber Löwenzahn. Wo vor einigen Jahren roter Klatschmohn, blaue Kornblumen, bunte Wicken und viele andere Ackerpflanzen wuchsen, gibt es heute nur noch wenige Arten, und die bieten dem Wild ebensowenig Abwechslung wie dem menschlichen Auge.

Das Nachbardorf dehnt sich seit einigen Jahren langsam, aber ständig in die Feldmark aus. Wo ich früher viele Kaninchen schoß, stehen heute Häuser! Der Karnickelbesatz hat dementsprechend abgenommen und auch das Rehwild ist wegen der vielen Spaziergänger, Sportler und Naturfreunde unstet und heimlich geworden. Auf einem entfernten Zaunpfahl fußt ein Bussard. Auf dem nächsten hockt eine Rabenkrähe. Von der Erbfeindschaft ihrer beiden Arten ist nichts zu spüren. Von mir

Pürschfahrt in der Woiwodina, bei der das Rehwild manchmal in den Strohschwaden verschwand

Die gute Optik offenbart einem manche Einzelheit . . .
auch beim in Norddeutschland nicht seltenen schwarzen Rehwild

haben sie nichts zu befürchten. Neben mir balzt in einem in voller Blütenpracht stehenden Weißdornbusch, ziemlich genau dort, wo vor Jahren einmal in einer alten, starken Pappel ein Hochsitz seinen Platz hatte, ein bunt schillernder Starenhahn. Lautstark und fröhlich klingt es, als ob er aller Welt verkünden will, daß er die Zukunft beileibe nicht so düster sieht wie ich, und sein Gezwitscher muntert mich etwas auf.

An dieser Stelle ist mir vor vielen Jahren einmal ein Meisterschuß auf ein Karnickel gelungen: Hoher Schnee lag, ich entdeckte ein Loch und vermutete, daß sich dort ein Lapuz verkrochen hat. Vorsichtig, äußerst gespannt, zog ich immer kleinere Kreise um die dunkle Öffnung im Schnee, wohl wissend, daß sich der graue Flitzer unter der hohen Schneedecke sicherlich noch ein paar Gänge weiter verklüftet hat. Urplöztlich bricht die weiße Schneedecke vor mir auf. Ein dunkles Etwas erscheint. Offenbar genauso erstaunt und geblendet wie ich braucht es den Bruchteil einer Sekunde, um sich in dem gleißenden Sonnenlicht zurechtzufinden. Dann flüchtet es in rasender Geschwindigkeit direkt auf mich zu. Erst will ich zur Seite springen, schieße dann aber instinktiv aus der Hüfte auf knapp fünf Meter. Der Lapuz rolliert. Er hat, wie ich später beim Abbalgen einem freundfeststelle, kaum Schrote erhalten.

Allzuoft schießt man ja fälschlicherweise zu nah wie auch bei Rebhühnern oder aufsteigenden Fasanen. Hier war ich aber stolz auf meine schnelle Reaktion und den gelungenen „Schnappschuß". Zu jener Zeit gab es hier noch viele von den grauen Flitzern. Man mußte schon schnell und geschickt schießen auf den schmalen Kiefernschneisen, die nur ganz begrenztes Schußfeld boten. Ich besinne mich des Ausrufes eines alten Hochwildjägers, der während einer kleinen Stuckeljagd fröhlich vorbeisengte und sich dann nach jedem Fehlschuß mit den Worten „ein Hirsch hätte gelegen“ entschuldigte. Seine Flinte war genauso harmlos für den Kaninchenbesatz wie er selbst. Unser alter Wildmeister meinte: „Beide halten sich an das Gebot – Du sollst nicht töten!“

Einem Freund widerfuhr einmal etwas Gegenteiliges. Er beschoß bei herrlichem Herbstwetter, als viele Kaninchen vor den Bauen lagen, eines. Unbeschreiblich unser Erstaunen, als der Hund gleich drei Karnickel auf einmal brachte. Ein unbeabsichtigter „Paketschuß“, der noch lange Zeit Diskussionen bei uns hervorrief. Den Schützen, wären keine Zeugen dabei gewesen, hätte sein Bericht wahrscheinlich für sein ganzes Leben als Aufschneider und Angeber abgestempelt. Aber es kommt eben vor, daß Kaninchen dicht bei dicht in der Sonne liegen.

Ein anderer Freund ist bekannt als sicherer Schütze, sowohl mit der Kugel als auch mit der Flinte. Auf den weit abgestellten Walddrückjagden, die wir in meiner Jugend noch abhielten und deren Hochwild-Strecken durch Kaninchen bunter und abwechslungsreicher wurden, führte er stets einen alten Drilling. Kugelschüsse auf flüchtige Kaninchen waren zweifelsohne eine ganz beachtliche Leistung, besonders wenn bei diesem besonnenen Jäger einmal drei Karnickel auf der Strecke lagen: Mit dem Drilling auf einer Waldjagd!

Ein Jagdgast schoß hier einst einen Fuchs, der ein Kanin im Fang trug. Eine recht seltene „Dublette“. Füchse haben allerdings dem Besatz kaum geschadet. Viel schlimmer waren die zahlreichen verwilderten Katzen aus den Nachbardörfern, die sich ständig im Revier herumtrieben. Je mehr Kaninchen wir hatten, desto mehr zog sich alles mögliche Raubwild in dieser Gegend zusammen. Ja, wo Wiesel, Marder und Iltisse vorkamen, sprach ihr Vorhandensein dafür, daß auch Kaninchen dort lebten. Diese verursachen ja mitunter ganz erheblichen Schaden, indem sie ganze Straßen in die junge Saat äsend „trampeln". Bei uns wurden sie allerdings nie zu solch einer Landplage wie zum Beispiel in Australien, wo ich zwei Jahre lebte und wo man mit vergifteten Karotten versucht, den Besatz zu verringern. Ich sah auf jenem fernen Kontinent Berge, die über und über von Karnickeln wimmelten und den Eindruck erweckten, als lebe der ganze Hügel.

Schon als Pennäler durfte ich mit dem Kleinkaliber auf dieses kleine, flinke Wild ansitzen. Manche Flintenschützen mögen über diese Jagdart die Nase rümpfen. Ich halte sie heute noch für eine sehr gute und reizvolle Jagdausübung für Jungjäger. Das Ausmachen eines Rammlers an seinen Näßgewohnheiten und seinem Benehmen anderen Kaninchen gegenüber ist eine gute Ansprechübung. Nicht nur für einen vom Jagdfieber gebeutelten Jungen, dem das Herz vor Aufregung bis zum Hals schlägt, bietet er auf vierzig Gänge nur ein kleines Ziel.

Ein Schütze erschien einmal auf einer unserer Jagden mit einer halbautomatischen Flinte, die das große Erstaunen unseres Haumeisters hervorrief. „Der muß ja bannig schnell nachladen können", meinte er, wenn einmal in kurzer Reihenfolge drei Schüsse hintereinander fielen. Nachdem das Geheimnis dieser Wunderwaffe gelüftet war, meinte die treue alte Seele: „Ich wundere mich nur, daß er mit seinem Vollernter nicht mehr trifft als wir."

Weiter träume ich von vergangenen Zeiten, als auf einmal, wie von Geisterhand dorthin gesetzt, mitten zwischen den vereinzelten gelben Butterblumen ein graues Wollknäuel sitzt. Lustig und übermütig hoppelt es ein wenig zur Seite. Die weiße Blume wippt leuchtend auf und ab. Es ist fast unbeschreiblich, welche Freude dieses kleine graue Wesen in mir hervorruft. Im vergangenen Winter hatte ich nämlich den Eindruck, der gesamte

Restbesatz wäre streunenden Katzen aus dem nahen Dorf und dem Verkehr auf den neuen, asphaltierten Wirtschaftswegen zum Opfer gefallen. Einige haben also doch überlebt. Auch die heimtückische Myxomatose, mit der man ja überall rechnen muß, hat hier nicht gewütet.

Da gesellt sich ein zweites Kaninchen dazu, macht einen Kegel, um dann eilfertig zu den Weißdornbüschen zu hoppeln, und ein drittes erscheint, verschwindet aber wieder im Gebüsch. Vielleicht kommen ja nach Jahren jagdlicher Enthaltsamkeit auf dieses kleine Haarwild, das Diezel einmal scherzhaft als vierfüßige Bekassine bezeichnete, wieder Tage, an denen man sich an der guten Arbeit des Hundes und an einem schnellen Schuß wieder erfreuen kann. Bei der sprichwörtlichen Fruchtbarkeit dieser Wildart bin ich auf einmal ganz zuversichtlich. Eine Häsin hat unter günstigen Bedingungen angeblich in vier Jahren über eine Million Nachkommen. Das klingt fast unglaublich, aber die Rechnung stimmt, wenn man nachvollzieht, daß beim Karnickel das Rammeln jederzeit stattfinden kann, da die Eireife durch den Deckakt ausgelöst wird (die sogenannte provozierte Ovulation). Bei bis zu sieben Würfen mit bis zu zehn Jungen im Jahr kommt man mit „Kind und Kindeskindern" auf diese beeindruckende Zahl. Hier ist dann das rechtzeitig regulierende Eingreifen des Jägers unerläßlich.

Hinter mir im Buchengestrüpp, das noch keine Anstalten macht, grün zu werden, lockt lautstark ein Fasanenhahn. Na also, auch er hat überlebt!

Einen Monat später sitze ich wieder auf der Bank. Im letzten Licht tritt ein Reh aus, und nur der Spiegel verrät mir, daß es ein Bock ist. Er erscheint mir ausgesprochen schwach, und kurz entschlossen schieße ich. Ein ungewöhnlich schwacher Knopfbock ist zur Strecke, der nur ganze sieben Kilogramm wog; ja es gibt schon Kümmerformen unter unserem Rehwild!

Als das Büchsenlicht vollständig gewichen und es fast schon dunkle Nacht ist, ruft ein Waldkauz. Die vorgerückte Stunde mahnt zum Heimweg. Ein Ziegenmelker umgaukelt mich und sorgt dafür, daß der Rückweg im Dunkeln seinen eigenen Reiz auf mich ausübt. Fröhlich, das Böckchen auf den Schultern, komme ich zu Hause an. Die Freude wird fast grenzenlos, als ich vom Bruder einen zweiten Bock in seinem verschwiegenen Waldrevier freibekomme und mich gleichzeitig sein Schwiegervater auf einen Abschußbock in sein nahes Feldrevier einlädt. Der alte Herr jagt dort kaum noch, sein Revier ist ihm in den letzten Jahren zu unruhig geworden. Gerne kommt er ab und zu zu seinem Schwiegersohn, um sich in einem stillen Winkel auf Sauen anzusetzen. Sein eigenes Revier ist von Menschen längst überlaufen.

Meine Freude über die unverhofften Freigaben ist natürlich groß, zumal die Reviere nur wenige Kilometer von meinem Wochenendheim entfernt liegen. So kann ich, je nach Windverhältnissen, entweder im Wald- oder im Feldrevier mein Waidmannsheil versuchen.

Verschiedenen Stimmungen bin ich in den nicht nur landschaftlich so gegensätzlichen Revieren unterworfen. Wie anders verhält sich das Wild im Vergleich der beiden Jagden. Wie viele unterschiedliche Beobachtungen mache ich im Wechsel von Wochen und Revieren! Lediglich von den winterlichen Treibjagden her kenne ich bisher das Feldrevier. Dort gibt es fast ausschließlich Sturzäcker. Nur wenige Parzellen werden mit Zwischenfrucht bestellt, um den leichten Sandboden durch Stickstoffbindungen zu verbessern. Daß es hier auch Rehe geben soll . . .? Im Winter zumindest, wenn überhaupt keine Deckung vorhanden ist, stehen sie in den angrenzenden Wäldern.

Mit Vater v. Borcke, dem Pächter des Feldrevieres, geht's am Vormittag hinaus. Er zeigt mir noch einmal die Grenzen. Der Weimaraner, der mich begleitet, springt ausgelassen neben dem Wagen her. Am Abend sitze ich schon an. Die einfache Leiter steht am Übergang eines Rübenschlages zu einem kleinen Feldgehölz in einer hohen Robinie. Vor mir, soweit der Blick reicht,

Felder. Rechts das nahe Dorf, links einige Gehöfte. In dieser mir ungewohnten Umgebung ist beim Kugelschuß äußerste Vorsicht und genaue Beobachtung des Hintergeländes geboten. Etwa fünfzig Meter hinter mir parkt ein Auto. Laute Verkehrsgeräusche auf einer der nahen Straßen machen mir bewußt, wieviel ruhiger es doch in dem abgelegenen Waldrevier meines Bruders ist. Auf dem Sandweg unter mir tummeln sich in halbstündigem Abstand Spaziergänger, Liebespärchen, Hundeführer, Sportler. Die meisten von ihnen bemerken mich auf meiner luftigen Warte nicht. Gut so!

Als ich dann nach Schwinden des Büchsenlichtes ernüchtert ob dieses „bevölkerten" Revieres abbaume, habe ich schließlich elf Zweibeiner, aber kein einziges Stück Wild in Anblick gehabt. Da es Sonntag ist, schiebe ich die Störungen auf die vermehrte Freizeit der Leute und hoffe auf den frühen Morgen des nächsten Tages.

Als es dämmert, lenke ich mein Auto über staubige Feldwege in Richtung Ansitzleiter. Zwei Ricken halten den Wagen gut aus, denn bis auf Hals und Kopf stehen sie verdeckt im Halmenmeer der Gerste. Mir fällt die Vertrautheit der Rehe gegenüber dem Auto auf. Entweder wähnt sich das Wild in dem hohen Getreide sicher und glaubt nicht gesehen zu werden, oder es hat sich dermaßen an die Kraftfahrzeuge gewöhnt, daß kaum noch ein Fluchtinstinkt besteht. Ich jage ja sonst vorwiegend im Wald, und dort ist die Verhaltensweise des Wildes gewöhnlich anders. Aus guter Deckung werden zwar auch dort Autos ausgehalten, aber normalerweise sieht man nur einen auf und nieder wippenden Spiegel des abspringenden Wildes.

Nach kurzer Überlegung ändere ich meinen ursprünglichen Plan. Meine Wahl des Ansitzes an diesem Morgen fällt auf eine Kanzel an einem Roggenschlag. Wo mag sich das Wild einstellen, wenn die Felder abgeerntet sind, sinniere ich wieder und denke an die Hasenjagden im letzten Jahr. Außer den wenigen Äckern mit Zwischenfruchtanbau zur Gründüngung war im

Herbst und Winter doch alles braun, soweit das Auge reichte. Selbst die Wegraine sind größtenteils der Flurbereinigung oder uneinsichtigen Landwirten zum Opfer gefallen. Deckung ist kaum noch vorhanden.

Auf doppelte Büchsenschußentfernung flüchtet seitlich von mir ein junger Bock durch die Rüben, als sei ihm das Ziehen durch die nassen Blätter unangenehm, offenbar ein Jährling. Mehr Wild bekomme ich an diesem Morgen nicht zu sehen. Dieses war einer der wenigen Ansitze ohne nennenswerte Störungen, den ich in diesem Feldrevier erlebe. Nur zwei Autos, deren Fahrer für mich unsichtbar bleiben, stehen am Wegesrand. Bestimmt kommen sie gerade dann zurück, wenn das Wild austreten will.

Wegen des Windes bin ich gezwungen, in den nächsten Tagen im Waldrevier zu pürschen. Die Ruhe dort ist erholsam. Einem alten, mir seit einigen Jahren bekannten Bock stelle ich nach. Gleich am ersten Abend springt er schreckend ab, um in einer lichten Kieferndickung zu verschwinden. Warum, weiß ich nicht, denn der Wind steht gut.

Das Schrecken der Rehe im Hochwildrevier nimmt anderes Wild normalerweise kaum übel. Das kenne ich und umschlage nach nochmaliger kurzer Prüfung des Windes den Bestand, um vorsichtig „stehend pürschend", wie unser alter Wildmeister es nannte, mein Heil zu versuchen. Nach ungefähr zwei Stunden angestrengtem Lauschens und Äugens sind höchstens fünfhundert Meter zurückgelegt. Plötzlich mache ich in einer kleinen Bentgrasinsel eine Bewegung aus. Das zehnfache Glas bestätigt: Es ist mein alter Bekannter, der lediglich noch Knöpfe geschoben hat. Den Drilling an einer Kiefer angestrichen, warte ich, daß der Bock ein paar Gänge nach vorn macht und frei steht. Ich sehe mich ihn schon im Rucksack heimtragen.

Doch ich rechne nicht mit meinem vierläufigen Begleiter. Nach knapp fünfminütigem angespanntem und konzentriertem Warten wird dem Hund die Angelegenheit zu langweilig. Aus seiner Persektive kann er nicht sehen, warum ich so vom Jagdfieber gebeutelt werde. Unbekümmert erhebt er sich, gähnt vernehmlich und schüttelt sich, daß ihm die Behänge lautstark um den Kopf klatschen. Für mich gibt es so schnell keine Möglichkeit, das Unheil abzuwenden. Der Bock wirft auf und ist im nächsten Augenblick abgesprungen. Zwar hatte ich ihn ständig im Absehen des vierfachen Zielfernrohres, aber er war stets durch Zweige und Gras verdeckt. Alles ging so schnell, daß an einen sicheren Schuß kaum zu denken war. Ich mache dem Hund, der treuherzig zu mir heraufsieht, keinen Vorwurf. Wieviel spannender, interessanter und aufregender waren doch diese wenigen Minuten als die Tage vorher in den Feldern, wo ich nur zwischen Häusern und Autos auf einem Hochsitz saß und auf Wild hoffte.

Der Wind hat sich zwischenzeitlich gedreht und nötigt mich, die nächsten Tage in der unruhigen Feldmark zu verbringen. Viele Menschen, einige Stücke weibliches Rehwild und Ringeltauben sehe ich, sonst nichts. Insgeheim schmiede ich Pläne, um dann, wenn ihre Jagdzeit beginnt, der Tauben habhaft zu werden. Übrigens: An die unentwegten Störungen habe ich mich in diesem Revier, genauso wie offenbar das Wild auch, bereits ein wenig gewöhnt. An Werktagen nimmt auf der nahen Kreisstraße der Verkehr schon ab sechs Uhr morgens stark zu. Als Urlauber beneide ich die Autofahrer auf ihrem Weg zur Arbeit nicht.

Seit zwei Tagen beginnt pünktlich um sieben Uhr eine zwar für die Ernte erfreuliche, aber für mein Vorhaben absolut unpassende Geschäftigkeit auf den Feldern. Laut ratternde Mähdrescher arbeiten sich durch die Wintergerste. Schlepper mit Pflügen, Grubbern oder Eggen quälen sich dahinter über ein abgeerntetes Feld. Nicht einen Tag bleibt die Stoppel liegen. Von was sollen hier nun die Wildtiere leben? Von heute auf morgen sind sie in dieser Feldmark deckungs- und äsungslos! Auch hier trifft zeitweise der schon erwähnte Spruch zu: Der

Mensch schreitet über die Erde – ihm folgt die Wüste. Besinnliche Stimmung kommt nicht auf. Aber eines wird klar: Wochen sind vergangen, der Bock liegt immer noch nicht ...

Veränderte Windverhältnisse ermöglichen endlich, ins Waldrevier meines Bruders zurückzuwechseln. Wie faszinierend ist doch die Ruhe hier im Gegensatz zu der regen Betriebsamkeit draußen auf den Feldern. Die Kiefern rauschen ihr altes, mir vertrautes Lied. Eine Melodie, die mich seit frühester Jugend fasziniert. Sie macht mich manchmal schwermütig, aber trotzdem liebe ich sie und die herbe Heidelandschaft, die voller verborgenem Leben steckt. Nur dem oberflächlichen Beobachter kommt sie karg und eintönig vor.

Auf dem Marsch zum Dickungsrand, an dem ich das Auftreten „meines“ Bockes erwarten will, streicht schwerfällig ein Bussard zu der dunklen Randfichte. Er fußt auf, streicht aber mit gellendem Schrei wieder ab, nachdem er mich eräugt hat. Noch lange schwankt ein zapfenbehangener Ast, auf dem er saß, auf und nieder. Auf dem kleinen Kahlschlag warnt im Beerengestrüpp eine Mönchsgrasmücke. Die Salzlecke vor mit hat ein Rotrückenwürger als Ansitzplatz gewählt.

Kurze Zeit später spüre ich, daß Wild im Anwechseln ist. Das ständige Warnen der Grasmücke steigert die Erwartung. Zwei Rottiere mit ihren Kälbern erscheinen und ein junger Bock, der ein Schmalreh treibt. Sonst beschert mir dieser Abend keinen Anblick. Der Wind hatte gedreht, und ich hatte es zu spät gemerkt. Das wird mir in dem lauten Feldrevier nicht passieren, und mir bleibt keine Wahl, als dort erneut mein Heil zu versuchen.

„Den Bock verwirrt der Sonne Glut“, eine alte Jägerweisheit. Die Blattzeit ist fast am Ende. Weder die Hitze noch die Töne, die ich mit meinem Buchenblatt fabriziere, locken einen Bock heran – wenn es hier überhaupt noch einen geben sollte. In der Ferne stampft in großer Regelmäßigkeit ein Mähdrescher Bahn um Bahn, eine riesige Staubwolke nach sich ziehend. Zwei

Junghasen sind das einzige Wild, das sich sehen läßt. Lerchengesang mildert meinen Verdruß über den Lärm, der mit moderner Landwirtschaft verbunden ist. Sonst dringt kaum ein natürliches Geräusch zu mir. Früher – ja, früher gab es hier noch ganz gut Rebhühner. Wie häufig haben mein Bruder und ich sie bejagt und kamen abends so manches Mal mit vollem Hühnergalgen nach Hause. Heute muß man die Hühner hier mit der Lupe suchen. Die Landschaft wird von Zäunen, Drähten, Wegen und Masten beherrscht, und die Landwirtschaft ist so rationalisiert, daß für Feldhühner kaum noch Äsung übrigbleibt, denn die Wildkräuter sind Mangelware geworden. Um diesen Rebhuhnnotstand, den die „moderne", rücksichtslose Zeit mit sich brachte, zu verdeutlichen, hat man das Rebhuhn zum „Vogel des Jahres 1991" erklärt. Möge dies zur Selbstbesinnung der Menschheit beitragen und die Dummheit nicht verstärken, die den jagenden Mitmenschen als Ursache des Rebhuhnrückganges zeiht.

Wieder und wieder kehre ich erfolglos von meinen Jagdgängen heim und wechsle auch situationsbedingt in das geliebte Waldrevier.

Es scheint heiß zu werden. Zwischen zwei niedrigen Kiefern schiebe ich mich mit dem Hund ein und greife nach halbstündiger Wartezeit zum Buchenblatt. Nichts regt sich um mich herum. Kein Maschinenlärm dringt an mein Ohr. Es ist mucksmäuschenstill. Fast eine Stunde vergeht. Kaum etwas ist zu hören. Mein Magen beginnt ein Solokonzert. Ich erhebe mich behutsam, sinke aber augenblicklich wieder auf den Waldboden zurück. In hohen Fluchten springt schreckend ein Reh mit grauer Maske – der gesuchte Bock! – ab, um in der angrenzenden Dickung zu verschwinden. Hat mich dieser alte Geheimrat schon wieder überlistet? Aus seiner spärlichen Deckung – lediglich zwei kleine Kiefern – vielleicht schon lange beäugt? Vorbei für heute!

Zwei Tage später sehe ich erneut den Alten, der nur einen

dicken, knuffigen Knopf auf einem Rosenstock trägt, der andere hat überhaupt nichts geschoben, wie der Blick durch das Glas noch einmal bestätigt. An diesem Tag ist meine Frau nach langer Zeit wieder einmal mit mir draußen. Als wir in später Dämmerung unseren Ansitzplatz verlassen und langsam heimwärts schlendern, macht sie am Rande eines Wildackers ein Reh aus. Nach dem Gebäude spreche ich es als alten Bock an. Als er kurz aufwirft, sehe ich den leuchtendweißen Grind. Der Bock liegt im Feuer und ist der älteste, den ich bis heute erlegte – gewiß über zehn Jahre alt, wenn man nach den Rudimenten der abgeschliffenen Molaren in seinem Äser urteilt; einundzwanzig, für mich meist spannende Ansitze und Pürschgänge hat er mir abverlangt.

Wenige Tage später sitze ich wieder im Feld. Fünfhundert Meter entfernt, schon weit über die Grenze hinweg im Nachbarrevier, steht ein Reh, offenbar ein schwächerer Bock. Zwei Spaziergänger, die ihn überhaupt nicht bemerken, läßt er kaum dreißig Meter entfernt vorbeimarschieren. In unserem Waldrevier wäre er gewiß längst abgesprungen. Auf mein Blatten hin zieht er zögernd näher. Also runter vom Sitz und auf allen vieren dem Bock entgegengekrochen. Zwischenzeitlich hat er die Grenze passiert. Es ist kein Jüngling mehr, ein kümmerliches, unregelmäßiges Gabelgehörn offenbart mir der Blick durch das Doppelglas. Kniend freihändig kann ich dem Bock auf rund sechzig Gänge die Kugel antragen; er war drei- bis vierjährig. Als ich nach gebührender Wartezeit zu dem Gestreckten am Rande des Roggenschlages trete, kommt mir das Feld farbenfreudiger und leuchtender vor, als ich es von den vielen Ansitzen vorher in Erinnerung hatte. Die Enttäuschung über Störungen und Unruhe während der Jagd im Feld tritt zurück. Ein Turmfalke rüttelt über mir – und tatsächlich, irgendwoher lockt ein Rebhahn! Habe ich manches Mal doch zu schwarz gesehen?

Roter Klatschmohn, eine blaue Kornblume, Kamillen, Margeriten und andere Farbkleckse leuchten mir vereinzelt in der nahenden Dämmerung entgegen. Ich nehme sie jetzt bewußter wahr als zuvor, aber eine einzelne Kornblume macht noch keinen bunten Acker, eine Lerche noch keinen Sommer und ein einziges Rebhuhn noch keinen vollen Galgen.

Mir ist bewußt, daß der Jagderfolg mir für Momente die Zukunft in diesem Feldrevier rosiger erscheinen läßt. Das kurze Glück kann aber letztlich nicht täuschen.

Was heißt schon Abschußbock?

Zwischen meinem Wohnort und meiner Arbeitsstelle liegt für mich jeden Tag eine dreiviertelstündige Bahnfahrt, die sich hauptsächlich durch intensiv bewirtschaftete Feldflur zieht. Meine ersten Fahrten auf dieser Strecke unternahm ich im Winter. Die Äcker waren braun, umgebrochen, deckungslos für fast jede Kreatur und boten dem Wild keinerlei Äsung. Ab und zu beobachtete ich einen Bussard, der von einem Weidepfahl aus auf Beute lauerte.

Anfangs schaute ich noch interessiert aus dem Fenster, in der Hoffnung Wild zu sehen. Eine Rabenkrähe, aus hohem Schnee weithin sich heraushebend, und ein Flug Haustauben waren aber alles, was ich während der ersten Wochen in Anblick bekam. So ließ mein Interesse langsam nach. Immer öfter vertiefte ich mich in meine Zeitung und lasse nun, wie auch die anderen Mitfahrenden es wohl schon seit Jahren tun, die Landschaft unbeobachtet an mir vorüberziehen.

Irgendwann im Frühjahr ist es. Wieder einmal schweifen meine Blicke verträumt durch das schmutzige Abteilfenster hinaus in die vorbeigleitenden Felder, Wiesen und Siedlungen. Der erste Hauch aus brauner, feuchter Frühlingserde herausdrängender Spitzen schimmert auf einigen Äckern in zartem Grün. Am verunkrauteten Feldrain sitzt, ja, ich will meinen Augen kaum trauen, ein buntschillernder Fasanenhahn. Schon ist der Zug an ihm vorbeigerauscht, er kennt das und streicht nicht ab. Die mürrisch dreinschauenden Mitreisenden nehmen keine Notiz von meiner freudigen Entdekkung. Aber mein Interesse gilt auf den nächsten Fahrten nun wieder der durchquerten Landschaft. Ich habe sogar etwas, auf das ich mich jeden Morgen freuen kann. Fast regelmäßig sehe ich nun diesen Gockel, wie einen Farbklecks am Wegesrand. Ist er einmal nicht zur üblichen Zeit am gewohnten Platz, vermisse ich ihn so, wie einem ein alter Freund oder Bekannter manchmal fehlt, dem man über längere Zeit regelmäßig begegnet ist.

„Anfang Mai soll die Gerste so hoch stehen, daß sich eine Krähe darin verstecken kann“, sagt ein alter Bauernspruch. In diesem Jahr steht das Getreide, bedingt durch die günstige Witterung, sehr gut. Ich sehe daher den Hahn trotz eifrigen Beobachtens immer seltener. Es ist schließlich Mitte Mai, als meine täglichen Zugfahrten ein erneuter Lichtblick erhellt: In dem bereits kniehohen Roggen schimmert es braun und rot. Schon ist der Zug vorbeigeeilt, so daß ich zunächst nur ahne, was sich am darauffolgenden Tag bestätigt. Auf dieser nächsten Fahrt, die ich gespannt erwarte, stehen an dieser Stelle tatsächlich zwei Rehe, eine noch nicht voll verfärbte Ricke und ein leuchtendrotes Schmalreh.

All die mißmutig gelangweilt dreinschauenden Fahrgäste, die mit mir pflichtbewußt zu ihrer Arbeitsstelle fahren, haben das Wild offenbar nicht wahrgenommen.

„Zwei Rehe“ – aufgeregt tippe ich meinem Gegenüber ans Bein. Erstaunt blickt er kurz auf, schaut interessiert nach draußen, zuckt mit den Schultern, schüttelt verständnislos den Kopf und vertieft sich wieder in seine Tageszeitung. Offenbar läßt er sich von all den Ereignissen, die die weite Welt bewegen, mehr fesseln als von dem Anblick zweier Stücke Rehwild. So ein Desinteresse kann ich gar nicht begreifen, ja ich fühle mich sogar tief enttäuscht. Auf meine spontane Reaktion mag er wohl das gleiche über mich gedacht haben wie ich über ihn: Es gibt schon seltsame Zeitgenossen.

Die Sträucher entlang der Bahnlinie sind grün geworden. Die satten Farben tun dem Auge nach den Wintermonaten gut, erinnern aber auch daran, daß wieder ein Ende, ein Vergehen kommt. Jedes Jahr aufs neue zeigt uns die Natur in ihrem sich ständig wiederholenden Kreislauf das Wachsen, das Bestehen und das Absterben. Viele Menschen aber merken vor lauter Arbeit hiervon nichts. Erst wenn die Rechnung für das Heizöl kommt, werden sie darauf gestoßen, daß wieder einmal der Winter vor der Tür steht.

Am nächsten Tag mache ich ein weiteres Reh aus, noch ruppig in der Decke. Ich erkenne auch zwei kümmerliche Bastspießchen zwischen den Lauschern. Das Böckchen äst unbekümmert am Bahndamm und läßt sich durch den vorbeiratternden Zug nicht beeindrucken, „Abschußbock", registriere ich. Aber was heißt „Abschußbock" oder „Artverderber"? Trotz vielfältiger Bemühungen um das Erkennen der Vererbung bestimmter Gehörnmerkmale beim Rehwild steckt da die Forschung immer noch in den Kinderschuhen. Vielleicht sind unsere Erwartungen auch zu idealistisch oder hochgeschraubt. Früher hat man bevorzugt um des Wildbrets willen gejagt, Rehe im Winter sogar wahllos bei der Treibjagd mitgeschossen. Wenn es zur Erbeutung eines starken Sechsergehörnes kam, merkte man auf. Schließlich strebte man die Mehrung dieser Gehörnform an. Ob man dies überhaupt wird erreichen können, erscheint mir bei unseren Methoden durchaus fraglich. Bei all dem, was sich in den Köpfen mancher Jäger bezüglich des Ansprechens von Rehbökken an fragwürdigen Thesen gehalten hat, drängen sich mir förmlich Vergleiche zwischen Mensch und Reh auf.

Genauso wie manch ein noch jugendlicher Mann über Geheimratsecken und graue Haare klagt, kenne ich betagte Herren, die sich noch ihres vollen Haarschopfes in unveränderter Farbe erfreuen.

Warum aber sollte gerade beim Rehwild die Zeit des Verfärbens oder die Sommerkopffärbung als ein Zeichen des Alters gelten? Einige Male bin ich auf diese „alte Jägerweisheit" hereingefallen, wonach zwei- bis dreijährige Böcke einen deutlichen Muffelfleck, wirklich alte hingegen eine „Brille" oder eine „eisgraue" Maske tragen. Sowohl Jährlinge mit auffallend hellem Gesicht als auch alte Böcke mit Muffelfleck habe ich erlegt. Daß junge Rehe früher verfärben als alte, trifft ebenfalls nicht immer zu. Es kommt stets darauf an, wohin freigewordene Energien fließen: Bei einer beschlagenen Ricke zuerst zum sich in der Tracht entwickelnden Kitz, bei einem Bock zuerst zum sich bildenden starken Gehörn als sekundärem Geschlechtsmerkmal und dann erst in den für das Wild nicht so bedeutenden Haarwechsel.

Und schließlich die Haltung und Stärke des Trägers, Ansprechkriterien, auf die viele alte Jäger schwören. Ich nicht. Ich kenne Menschen mit Stiernacken und solche mit dem Hals ähnlich einer Gazelle, manche tragen ihr Doppelkinn tief, andere ihren markanten Unterkiefer hoch. Hieraus nun auf das Alter zu schließen, ist schlichtweg Unsinn, auch bei Rehböcken. Zu oft bin ich einem Irrtum unterlegen.

Zu denken gibt mir, wie das Wild seinen Weg in der dichtbesiedelten Landschaft hierher an den Bahndamm gefunden hat, wohin es im Winter zieht, wenn die Felder wieder kahl und abgeerntet sind, und wo es dann seinen Einstand hat und die schwere Zeit übersteht. – Ich sehe die Rehe, später sind es vier, fast regelmäßig und erfreue mich an ihrem Anblick. Offensichtlich bleibe ich aber der einzige Fahrgast im Abteil, der den Wert und die Schönheit des Wildes in dieser Industrielandschaft überhaupt bemerkt und zu schätzen weiß. Noch mehrfach versuche ich zwar, auch andere Reisende an meiner Freude zu beteiligen, und mache sie auf die Stücke aufmerksam; doch durchweg stoße ich auf mangelndes Interesse. Nicht selten werde ich seitdem sogar ein wenig befremdet und überrascht von der Seite gemustert. Sind Jäger Sonderlinge? Wie weit haben sich unsere Mitmenschen vom Natürlichen entfernt? Fragen über den Tag hinaus!

Skurrile Gehörnformen sind nicht selten, die Ursache dafür aber vielfältig

Elegant in den Bewegungen und fürsorglich um den zahlreichen Nachwuchs bemüht

Das Jahr ist vorangeschritten. Ich bin froh, endlich wieder einmal dem Druck der Großstadt und des engen Büros entfliehen zu können. Es ist diesmal keine langweilende Bahnfahrt. Durch das geöffnete Autofenster dringt während der Fahrt ins Revier verheißungsvoll der Geruch frisch gemähter Gerste und der Duft voll in Blüte stehender Roggenfelder. Die Windschutzscheibe des Autos ist verklebt und verdreckt. Schon während meiner kurzen Reise sind zahlreiche Insekten dagegengeklatscht. Erfreulich – denn wenn es viele Mücken, Fliegen, Käfer und ähnliches Getier gibt, erholen sich auch unsere mitunter stark gebeutelten Hühnerbesätze.

Kurz darauf halte ich mich bei Nachbar Wilfried zur üblichen „Manöverkritik“ auf und erfahre Neues über die Einstände der Böcke. Viele hat er in letzter Zeit gesehen. Junge, aber auch Alte und sogar einen Abnormen, einen Verbogenen, wie er sich ausdrückt, und somit einen, dessen Erlegung mich besonders reizt. Die Sache wird spannend!

Ich freue mich unbändig auf dieses Wochenende, auf etwas Ruhe nach der Hetze im Dienst, auf ein eventuelles jagdliches Abenteuer nach der Monotonie des Alltages und natürlich auf eine Nacht draußen auf dem weichen Waldboden.

Wie sagt mein Bruder – lieber zehn Minuten zu früh als fünf Minuten zu spät im Revier. Unter einer alten Schirmfichte schiebe ich mich mit dem Weimaraner Caesar ein und schlafe schon bald tief und traumlos. Als mich der Hund weckt, dämmert es bereits, die Sonne ist aber erst zu ahnen. Die Vögel musizieren in vielstimmigem Konzert. Nur wenige Meter entfernt von mir schmettert ein Laubsänger sein eintöniges Zilpzalp in die klare Morgenluft, und einige Tauber konkurrieren lautstark mit ihren Balzrufen. Der berauschende Duft des Jelängerjelieber kitzelt in meiner Nase. Erstes Sonnenlicht hat bald die Dunstschleier der Nacht vertrieben, flutet glühend über den Wald und läßt die Tautropfen an Halmen und Büschen gleich Edelsteinen funkeln. Der dann aufkommende Wind trocknet den Tau an den Gräsern langsam.

Am anderen Ende des Kahlschlages, an dem ich die Nacht verbracht habe, ist ein Rudel Rotwild ausgetreten. Tiere, Schmaltiere, Kälber und ein Spießer vom letzten Jahr, zu dieser Zeit noch im Bast. Es ist Ende Juli. Interne Abmachungen im Hegering untersagen den generell erlaubten Schuß auf männliches Rotwild vor dem ersten August. Die Diskussionen waren hart, und die Fronten hatten sich sehr versteift, als es um die Abschußregelung des Rotwildes ging.

Es ist schlimm geworden; früher war es möglich, für ein harmonisches Miteinander hinsichtlich forstwirtschaftlicher Notwendigkeiten und ausgeglichener Wildbestände zu sorgen. Zwar gab es nicht soviel Wild wie kurz nach dem Krieg, als die Jagd wegen des strikten Waffenverbots nur von wenigen Risikofreudigen, aber Hochpassionierten ausgeübt wurde. Die Zeiten haben sich geändert, heutzutage gehen ja im Bundesgebiet pro Tag (!) mehr als hundert Hektar Fläche der Natur verloren. Die Kunst, gesunde Wildbestände zu erhalten und gleichzeitig nachhaltige Forstwirtschaft zu betreiben, ist ins Hintertreffen geraten oder, was noch schlimmer ist, paßt für manche „Lautsprecher" nicht mehr in die heutige Zeit, ist nicht mehr modern.

„Große" Forstleute waren vormals meistens auch „große" Jäger, waren bemüht, das natürliche Miteinander zu erhalten. Heute, habe ich den Eindruck, schießen viele Förster, um den Wald zu erhalten, fast alles tot, und morgen heißt es dann, die bösen Jäger hätten die Rehe oder das Rotwild nahezu ausgerottet, weil der „Naturfreund" kein Schalenwild mehr sieht. Manche Forstbeamte degradieren sich dabei zu simplen Baumschulgärtnern. Der reine Mammon, sprich, die Holzzuwachsraten, zählt mehr als das Wild, das doch genauso naturgegeben und erhaltenswert ist wie die Bäume, die die Forstwirtschaftler offensichtlich einseitig maximieren wollen, zumindest fordern die Fortswissenschaftler auf ihren Kongressen dies immer wieder lautstark unter dem Beifall besonders der jüngeren und angeblich so ökologiebewußten Zuhörer. Kurioserweise gibt es aber kaum einen der „Forstpäpste“, der den Abschuß eines starken Hirsches ablehnt!? Auch hier: Der Mensch in seinem Widerspruch – oder: Neid der Besitzlosen (wer weiß?).

Von dem Platz, an dem ich kauere, beschoß ich vor einigen Jahren einmal einen Rehbock auf wohl achtzig Gänge, der, ohne sichtlich zu zeichnen, in die nahe Fichtenkultur absprang. Ehe ich noch meine Gedanken geordnet hatte, erschien er wieder in rasender Flucht und brach nur dreißig Meter vor mir zusammen. Wie sich später herausstellte, saß die Kugel tief Blatt im Herz, hatte eine absolut tödliche Wirkung, aber auch das weichende Leben verhinderte nicht die Todesfluchten über eine beachtliche Strecke.

An der Blöße vorbeipürschend, werde ich an einen weiteren Vorfall, der ebenfalls recht ungewöhnlich klingt, erinnert: Anfang Oktober setzte ich einen Jagdgast auf der Kanzel an dem Schlag ab und begab mich weiter zu den Bruchwiesen. Zwei Abschußböcke waren noch zu erlegen. Ihnen sollte unser abendlicher Ansitz gelten. Nach geraumer Zeit fiel beim Jagdgast ein Schuß. Ich glaubte deutlich Kugelschlag gehört zu haben. Anschließend sprang, mehrmals schreckend, ein Reh aus der Richtung des Gastes ab. Als wir später am verabredeten Treffpunkt zusammenkamen, beteuerte der Gast, offensichtlich vorbeigeschossen zu haben, denn der Bock sei laut schreckend und offenbar gesund abgesprungen.

Ich ging trotzdem zum Anschuß, obwohl ich nach dieser Schilderung ebenfalls an einen Fehlschuß glaubte. Nach kurzer Zeit fand ich Lungenschweiß, und nach etwa dreißig Gängen lag der Bock, mit Blattschuß verendet, im Dickungsrand. Daß tödlich getroffenes Wild noch schreckt, hatte ich vorher nie erlebt.

Auf der Margaretenbahn, einem breiten Sandweg, pürsche ich zu der Stelle des Reviers, an der ich im letzten Jahr einen schwachen Jährlingsbock schoß und einen zweiten vor mir hatte. Zwei kurze, unregelmäßige, dünne Spießchen stempelten ihn ebenfalls zu einem „Hegeabschuß“ wie den Erlegten. Dem Jüngling fehlte links zudem der halbe Lauscher. Da ich keinen Bock mehr frei hatte und der Abschußplan bereits erfüllt war, blieb der Finger damals gerade. Ich war enttäuscht, ihn wegen dieser „Bürokratie“ laufen lassen zu müssen, aber sicher, ihn wiederzufinden und an seinem verkürzten Lauscher in diesem Jahr wiederzuerkennen. Außerdem war er seinerzeit schwach im Wildbret. So brenne ich darauf, ihn irgendwann wieder zu sehen und zu strecken. Natürlich müßte er doch im zweiten Lebensjahr – davon bin ich, eingedenk der vielen Rehwildweisheiten, überzeugt – immer noch ein „Abschußbock“ sein.

Unbekümmert schnürt mir auf dem breiten Weg ein Fuchs entgegen. Näher und näher kommt er. Ich stehe stocksteif und linse bedenklich zu Caesar, der unangeleint neben mir sitzt und dessen Augen wie hypnotisiert ebenfalls auf Reineke starren. Ein Leichtes wäre es gewesen, den starken Fuchs mit einem Schrotschuß aus dem Drilling zu erlegen. Die Tollwut hat bei vielen Jägern Hysterie ausgelöst und sie veranlaßt, selbst gröbste Verstöße gegen die einfachsten Regeln der Waidgerechtigkeit zu begehen, nämlich eine führende Fähe zu töten, was zur Folge hätte, daß die Welpen elend im Bau zugrunde gehen. Auf unser Waldrevier hat solches Vorgehen glücklicherweise noch nicht übergegriffen. Als der Fuchs endlich wenige Meter vor uns verhofft, uns kurz anäugt und dann erschreckt in den Bestand springt, habe ich das Gefühl, daß Caesar meine Einstellung zur Waidgerechtigkeit auch nicht verstehen kann. Fragend versuchen seine hellen Augen mich zu durchdringen. Was mag wohl in einem Hundekopf in solchen Augenblicken vorgehen?

Das Leuchten eines braunroten Fleckes im Gestrüpp links vom Weg auf der Windwurfblöße reißt mich aus meinen Gedanken. Kein Zweifel, ein Reh äst dort an den saftigen Brombeeren, die außer ein paar schnellwüchsigen Birken keiner anderen Naturverjüngung Gelegenheit geben, sich einzufinden. Gottlob reicht die „Verbesserung“ der Natur durch Einbringen von Dünger, Pflanzenschutzmitteln u. a. nicht bis in diesen heimlichen Winkel, und die Fläche ist noch von keiner Spritzung mit „Unkraut“-Vernichtungsmitteln erreicht worden. Als das Stück kurz sichernd das Haupt hebt, erkenne ich deutlich durch das achtfache Glas, daß es sich um meinen Bekannten mit dem verkürzten Lauscher handelt, den verpaßten Hegeabschuß. Er trägt allerdings keine schwachen Gabeln, wie man vielleicht erwarten könnte, sondern ein zwar nicht übermäßig starkes, aber doch regelmäßig verecktes Sechsergehörn, für diese Gegend sogar außerordentlich gut entwickelt.

Lange habe ich den Bock vor mir und freue mich am Anblick seines gutausgeformten Gehörns. Was wäre aus dem anderen Spießer – dem „typischen Abschußbock“ – geworden, den ich im letzten Jahr hier geschossen habe? Dubium sapientiae initium – Zweifel ist der Weisheit Anfang! Nachdenklich genieße ich den anbrechenden Morgen, aber sicher ist natürlich auch, daß wir nicht alle jungen Rehböcke überleben lassen können, nur weil die Wahrscheinlichkeit groß ist, daß sie später einmal ein beachtliches Gehörn schieben. Die Jägerweisheit „Zahl vor Wahl“ hat bei der Hege des Rehwildes schon etwas für sich.

Schlappohr aus dem Süßen Winkel

Es gibt bei uns unterschiedliche Arten der Flurbezeichnungen, darunter die, die laut Betriebswerk auf der Revierkarte je nach Bestockungsart, manchmal sogar kalt, ja fast gefühllos, den Wald von Fläche eins bis achtunddreißig aufgeteilt hat, mit fest umrissenen Begrenzungen durch Wege oder Gräben. Irgendwann mögen diese Jagen- oder Abteilungsgrenzen auch eindeutig erkennbar gemacht gewesen sein. Die Natur hat aber mit der Zeit den wirtschaftlichen Planern oft ein Schnippchen geschlagen. Kalamitäten wie Windwürfe, Waldbrände oder andere Katastrophen sowie menschliche Eingriffe, z. B. die vielerorts umstrittene Flurbereinigung, aus anderen wirtschaftlichen Überlegungen eingeführt, aber nicht immer ganz durchdacht und in letzter Konsequenz für die Natur doch nur verhältnismäßig kurzfristig angelegt, haben die frühere Aufteilung unsinnig werden lassen.

Andere Flurbezeichnungen, in denen die einzelnen Jagen liegen, sind historischen Ursprungs oder stammen aus dem Volksmund. Oft sind es Namen, die typisch für die jeweilige Gegend sind bzw. waren oder an besondere, dort stattgefundene Ereignisse erinnern. Leider sind die Ursprünge nicht selten in Vergessenheit geraten. So wird für manchen nicht verständlich sein, wenn ein Teil des Reviers zum Beispiel noch „Dreieckswiese" heißt, obwohl diese Wiese seit langem aufgeforstet ist und heute, mit hohen Erlen bestanden, ein fast undurchdringliches Dickicht bildet. Oder auch der „Spiecker Bruch". Früher eine weite Sumpflandschaft, durch Drainage dann weitgehend entwässert, stockt hier heute ein stattlicher Hochwald aus starken Fichten und Eichen.

Und wer erinnert sich noch an den alten Vater Rübke, der, um seine große Familie mit sieben Kindern zu ernähren, wie damals üblich, für drei Milchkühe eine Weide als Deputat bekommen hatte, die somit „Rübkes Weide“ hieß. Heute ist es ein arg geschälter Kiefernbestand, der dem Forstmann das Wasser in die Augen treibt, aber dem Rotwild dasselbe im Äser zusammenlaufen läßt.

Mir sind die alten Flurbezeichnungen lieber und vertrauter als die zweckbedingten Numerierungen. Nicht nur weil ich weiß, daß schon meine Vorfahren sie benutzten, seien die Namen mit Überlegung und Herz gewählt oder spontan entstanden, nicht aber durch kühle Erwägungen auf dem Reißbrett geprägt.

Ein Teil unseres Reviers – auch leider bei vielen schon fast in Vergessenheit geraten – heißt der „Süße Winkel“. Es gab Zeiten, da sammelten wir dort als Kinder mit unserer Großmutter Moos für das bevorstehende Osterfest oder im Sommer auch Pilze, die unter den einzelnen knorrigen Eichen massenweise aus dem Boden schossen. Eine Jungwuchsfläche, zum Teil leicht anmoorig, in der Fichten und Kiefern es schwer haben, wo aber vor allem Birken und auch Erlen prächtig gedeihen. Immer wieder entstanden Fehlstellen, entweder auf den höheren Standorten, wo Farnkraut die kleinen Kulturpflanzen überwucherte oder das Bentgras die „Kulturdamen“ mit Hacke und Sense beschäftigte. Der Süße Winkel ist mehr als das Jagen 16. Es handelt sich um eine heute rund dreißigjährige Fichtendickung, eine aufgeforstete Wiese sowie einen Teil der großen Örtze-Weiden. Wohl wählt ab und zu ein kleines Feisthirschrudel seinen Sommereinstand in dieser heimlichen Ecke mit frischer Äsung im Überfluß. Fast jedes Jahr aber ist der Süße Winkel Einstand zumindest eines alten Rehbockes.

Auf den mehr oder weniger vergilbten zahlreichen Schädeln der von meinem Urgroßvater, meinem Großvater oder auch meinem Vater erbeuteten Rehböcke und Hirsche, die in der großen Eingangshalle meines Elternhauses hängen, stößt man immer wieder auf die Inschrift „Süßer Winkel“. Die Bezeichnung paßt über Generationen auch heute noch. Woher sie kommt, weiß allerdings kaum noch einer. Lassen Sie es mich hier erzählen: Mein Urgroßvater, jung verheiratet, ging mit seiner Frau spazieren und zeigte ihr die zukünftige Heimat. Irgendwann ließen sich die beiden dann im Moos nieder, im Rücken die rauschenden Kiefern und vor sich das weite Wiesental der Örtze. Ein herrliches Fleckchen Erde, meinte mein Urgroßvater damals stolz, und voller Begeisterung und Freude soll meine Urgroßmutter ausgerufen haben: ein süßer Winkel!

In einer Jagdzeit hatte ich mich besonders auf einen Bock, genannt „Schlappohr“, konzentriert. Bei diesem Bock taten wir uns anfangs mit dem Ansprechen recht schwer, bis wir feststellten, daß der linke Lauscher gespalten war. Eine Hälfte stand normal hoch, die andere hing schlaff herunter, und bei flüchtigem Hinsehen täuschte sie sogar eine Pendelstange vor. Diesem Bock hatte ich mich fast während der gesamten Jagdzeit gewidmet. Einmal hatte ich ihn fast zum Greifen nahe vor mir, doch als ich das Glas sinken lasse und die Waffe am Zielstock anstreichen will, zieht er, lediglich seinen Spiegel zeigend, ruhig von mir fort und verschwindet gemächlich im Schatten hinter den Stämmen der hohen belaubten Erlen, und die dichten Zweige der jungen Fichten schließen sich hinter dem Bock.

An einem anderen Morgen war ich noch in der Dunkelheit vorsichtig einen ausgetrockneten Graben entlanggeschlichen und dann die Böschung emporgekrochen, um an einer gut einsehbaren Schneise, die am Rande mit teils abgestorbenem Schilf bestanden ist, den ersten Lichtschimmer des Tages abzuwarten. Ich hoffte, Schlappohr würde, aus den Wiesen kommend, diese Schneise kreuzen, um in seinen Einstand im Süßen Winkel zu ziehen. Eine Bewegung, dreißig bis vierzig Meter entfernt, läßt mich, noch herrscht schlechtes Licht, das Fernglas hochnehmen: nichts – anscheinend eine Täuschung.

Während ich noch angestrengt durch das Glas schaue und versuche, mir Klarheit zu verschaffen, gewahre ich, keine zehn Schritte vor mir, eine Bewegung. Ich stehe starr wie die so oft zitierte Salzsäule und wage nicht, mich zu rühren. Mein Gegenüber ist nur schemenhaft als Reh auszumachen, im ersten Dämmerlicht ein dunkler, unbeweglicher Fleck. Minutenlang, es wird nun schnell heller, peile ich am Glas, das ich immer noch vor dem Kopf habe, vorbei und erkenne bald mit bloßem Auge, daß Schlappohr nur wenige Schritte vor mir verhofft, ebenfalls wie versteinert, und mich gebannt anäugt. Ich habe das Gefühl, meine Arme mit dem erhobenen Fernglas beginnen allmählich abzusterben. Ganz langsam, millimeterweise, will ich es sinken lassen, um die Büchse behutsam von der Schulter zu nehmen.

Aber es ist nicht langsam genug. Plötzlich hat der Bock meine Bewegung erkannt und wirft sich herum. Böh, böh, schallt es durch das Dämmern des Waldes, und in weiten Fluchten verschwindet er. Enttäuscht lasse ich das Fernglas sinken und pürsche weiter. Da erblicke ich diesmal etwas weiter rechts ein Reh. Sofort hebe ich das Glas wieder an die Augen . . . und sehe Schlappohr, der vertraut von mir fortzieht. Bevor ich die Waffe an die Schulter hebe, ist er verschwunden. Aber diese Begegnung hat Schlappohr offensichtlich übelgenommen. Ob er sich umgestellt hat?

In diesen Gedanken versunken, stehe ich wieder einmal am Rande des Süßen Winkels. Es ist noch sommerlich warm, aber die Hirschbrunft steht schon bevor. Wegen der schwülen Witterung kann sie sich aber verzögern. Da höre ich ein Stück Wild anwechseln. Es wird die alte Ricke sein, die ich hier schon so oft beobachtet habe, denke ich. Das Stück scheint zu sichern, denn es ist wieder ruhig. Auf siebzig Gänge wird plötzlich ein Strauch ruckartig hin und her gestoßen, obwohl es windstill ist. Es muß ein Bock sein. Ich spähe durchs Glas, bis die Hände zittern, kann aber nichts „Wildes“ entdecken. Der Strauch steht wieder still, aber kein rotes Haar ist zu sehen.

September ist es geworden. Unsere jagdlichen Bemühungen gelten mehr dem Rotwild als den Rehen. Fast ideal ist nämlich der Süße Winkel auch in dessen Brunft, wenn der Wind stimmt und die Hirsche melden. Die Bestockung war anfänglich sehr dicht, aber nach der ersten Durchforstung doch so, daß man einen schreienden Hirsch mit dem Ruf angehen kann. So weiß ich von einem ungeraden Kronenzwölfer, der in der Brunft dort seinen Einstand hat, den er täglich, oft erst nach dem Hellwerden, annimmt. Der Nebel, der von den nahen Örtze-Wiesen zu dieser Jahreszeit dem Wild fast immer zu Hilfe kommt, machte es dem Jäger schwer, den Hirsch bei seinem kleinen Kahlwildrudel zu bejagen.

Ich führte damals einen Gast, der einen guten Hirsch freihatte. Mehrere Ansitze waren bereits ohne nennenswerten Anblick vergangen, und die Zeit drängte. So beschloß ich, nach wiederum erfolgloser Frühpürsch, daß wir in der „16", eben dem Teil des Süßen Winkels, einen noch stetig meldenden Hirsch angehen. Ich kenne die Dickung ziemlich genau, weiß, wo ich eventuell im Schutz einer aufgeworfenen Grabenböschung entlangkriechen kann und wo wahrscheinlich das Rudel genau steht: auf einer größeren, trockenen Blöße inmitten von acht- bis zehnjährigem dichtem Kiefernanflug.

Es ist schon lange hell, der Hirsch meldet fast noch pausenlos. Nach menschlichem Ermessen müßten wir verhältnismäßig problemlos an das Rudel gelangen, wenn nicht einer der Beihirsche uns einen Strich durch die Rechnung macht. Langsam, aber stetig arbeiten wir uns in den dichten Bestand. Als uns nur noch siebzig Gänge von dem schreienden Platzhirsch trennen, antworte ich ihm auf meinem Ochsenhorn, und zwar mit wütender Stimme.

Das Horn ist das Geschenk eines befreundeten Maori-Häuptlings aus Neuseeland, mit dem ich in den siebziger Jahren in seiner Heimat zahlreiche, ehemals dort ausgewilderte Rothirsche erfolgreich angegangen bin.

Nach kurzer Ruhe erneut der erregte Ruf des Zwölfers. Ich schreie wiederum zurück und bearbeite mit dem Jagdstock eine Kiefer vor mir, was mein Gast erstaunt beobachtet. Der Hirsch zieht näher, schreit, und dann vernehme ich nach kurzer Pause Brechen und kurz darauf Stangenstreichen. Zehn, höchstens zwanzig Meter entfernt mögen die Geräusche entstanden sein, und sie kommen näher! Lautlos gehe ich in die Knie und bedeute meinem Begleiter, das gleiche zu tun. Angespannt durch die unteren Zweige der uns Deckung bietenden Kiefer starrend, liegen wir bewegungslos flach auf den Waldboden gepreßt. Da nehme ich knapp fünf Gänge entfernt eine Bewegung wahr und mache Rotwildläufe aus. Der Gast hat sie ebenfalls erblickt und starrt fasziniert, offenbar alles um sich herum vergessend, in die Richtung. Ärgerlich erschallt Sprengruf. Uns beiden ist schlagartig klar, daß es der gesuchte Platzhirsch ist, der da fast zum Greifen nahe vor uns steht.

Wieder ein Schrei, der Zwölfer zieht näher! Ich kann seine erregt verdrehten Lichter deutlich erkennen. Dann ein weiterer Schritt in unsere Richtung. Gespannt halte ich die Luft an, mein Begleiter, wie er mir später bestätigt, ebenfalls. Der Hirsch schlägt wild eben die Kiefer, die uns Deckung bietet.

Mehrfach peitschen die Zweige über uns, die wir, regungslos auf dem Waldboden liegend, nur aus den Augenwinkeln wahrnehmen können. Was die Natur uns zwei, drei Meter vor unserer Nase doch für ein uriges Schauspiel bietet! Eine knappe Minute, die uns beiden fast wie eine Ewigkeit vorkommt, ist vergangen, bis der Hirsch von dem Baum abläßt. Kurze Zeit verharrt er bewegungslos. Mißtrauisch, wie es scheint, äugt er in die Runde, wendet sich dann ab und verschwindet langsam in der Richtung, aus der er gekommen ist.

Es ist immer wieder faszinierend, wie völlig lautlos ein Hirsch sich bewegen kann, der vorher schreiend und schlagend seine Gegenwart mit deutlicher Lautstärke kundtat. Der davonziehende Hirsch ist aber immer so durch Zweige gedeckt, daß eine halbwegs sichere Kugel, selbst auf diese kurze Entfernung, nicht anzubringen ist.

Ich bin in der Brunft schon viele Hirsche angegangen, so nahe mit dem Wild zusammenzukommen ist mir allerdings nur dieses eine Mal und bisher noch nicht wieder gelungen.

Derselbe Gast, mit dem ich seither viel zusammen jage, und ich sitzen auf einer offenen Leiter in einer Birke an der Westseite des Süßen Winkels. Vor uns liegt eine feuchte Viehweide mit dichtem, teils hohem Binsenbewuchs. Der Wind küselt anfangs, kommt dann aber stetig von Osten, scheint also günstig. Einiges Wild ist bereits früh ausgetreten. Als es zu dämmern beginnt, unterhalten wir uns gerade leise flüsternd wieder einmal über unsere Hirscherlebnisse vom vergangenen Herbst, als knapp hundertzwanzig Gänge entfernt ein Bock steht. Woher er gekommen ist, haben wir beide nicht bemerkt. Er steht einfach da, äst hier und dort an den Binsenspitzen und zieht dann ziemlich zügig in die Weide hinaus. Viel Zeit ist nicht, bevor er in unseren Wind kommen muß. Sein Alter schätze ich auf vier bis fünf Jahre, doch mit dem Ansprechen des abnorm wirkenden Gehörns tue ich mich schwer. Dann sehe ich den gespaltenen Lauscher. Kein Zweifel, der Bock, den wir da vor uns haben, ist Schlappohr. Wir hatten ihn ja schon mehrfach bestätigt.

Ich flüstere dem Gast sofort zu, er möge sich schußbereit machen. Im Augenblick seines Schusses bin ich mir aufgrund des Zeichnens sicher, daß die Kugel den linken Vorderlauf getroffen hat, denn der Bock knickt vorne tief ein und geht dann in voller Flucht ab. Bei meinem Begleiter ist nicht einmal der Eindruck entstanden, daß er getroffen hat oder der Bock gar krank sei. Ich dagegen meine gesehen zu haben, daß der Vorderlauf schlenkerte; der Gast hingegen ist sich sicher, gefehlt zu haben. Zwischenzeitlich ist es dunkel geworden; wir verbrechen die Stelle, an der ich den Anschuß vermute, und ziehen, um nichts zu vertreten und so dem Hund die nachsuchende Arbeit zu erschweren, mit gemischten Gefühlen heim.

Am nächsten Morgen suche ich allein mit meiner Dachsbracke Axel – einem Hund, wie ich ihn auf Schweiß nie besser hatte – an der markierten Stelle, finde aber keinerlei Pürschzeichen. Auch Axel verweist am vermeintlichen Anschuß nichts. Am Waldrand, wo ich ihn schließlich voraussuchen lasse, führt er mich an der Stelle durch den Graben, an der ich den Bock am Vorabend im Bestand verschwinden sah. Aber bald beginnt der Hund zu faseln. Kein Wunder bei den vielen frischen Verleitfährten, die hier stehen. Nach wohl einer Stunde, in der sich Axel immer wieder korrigierte, einige Male auch zum Einwechsel zurückführte, bin ich mit meiner Kunst am Ende.

Nachdem wir erfolglos noch in allen Winkeln der Riesendikkung herumgekrochen waren, schnalle ich den Rüden schließlich, und er saust davon. Gespannt lausche ich. Minutenlang geschieht nichts Außergewöhnliches. Irgendwann meine ich weit entfernt einmal kurz Hetzlaut zu vernehmen, schreibe dies dann aber meinen vermutlich überreizten Sinnen zu. Als Axel nach knapp einer Stunde durchnäßt und erschöpft mit weit heraushängender Zunge zurückkehrt, ziehen wir gemeinsam wieder nach Hause. Eingedenk all meiner bisherigen Erfahrungen mit diesem guten Hund bin nun auch ich sicher, daß der Bock doch gefehlt wurde, und beruhige auch noch am selben Tag per Telefon den Gast.

Im Laufe des Jahres gerät die Episode langsam in Vergessenheit. Aber Schlappohr ist seitdem wie vom Erdboden verschwunden. Weder mein Bruder noch unser Wildmeister oder der Haumeister bekommen ihn in Anblick, obwohl wir alle häufiger als früher im Süßen Winkel sind. Das gibt mir doch zu denken.

Auch im folgenden Jahr pürsche ich oft dort. Eines Tages im Mai, wenn es unter normalen Umständen gar nicht übermäßig schwierig ist, einen Bock in unserem Heiderevier zu überlisten, sehe ich Schlappohr wieder! Er steht im dichten Brennessel-Erlen-Gestrüpp, und ohne Glas erkenne ich ihn sofort an seinem geschlitzten Lauscher. Ein halbwegs sicherer Schuß aber verbietet sich, da nur ein kleines Stück vom Träger und das Haupt des Bockes sichtbar sind. Zwar sehe ich Schlappohr immer nur kurz in dem dichten Unterwuchs und immer verdeckt, aber er scheint völlig gesund zu sein. Als er schließlich, ohne mich zu bemerken, fortzieht, nehme ich mir vor, hier öfter zu passen. Immer wieder, wenn es meine Zeit erlaubt, sitze ich nun am Rande des Süßen Winkels an, pürsche auch mal einen der breiten Graswege entlang, in der Hoffnung, auf den Bock zu stoßen, ohne Erfolg. Einmal noch im Herbst sehe ich ein Reh in tiefer Dämmerung auf den Viehweiden, bei dem ich den Eindruck habe, daß es vorne links schont. Nach wie vor ist Schlappohr aber wie vom Erdboden verschluckt. Und wieder gerät er in Vergessenheit.

In der Nähe des Süßen Winkels, einige hundert Meter davon entfernt, hatte mein Bruder eine recht sumpfige Weide aufgeforstet. Wegen meist stehender Nässe sind dort Erlen gepflanzt worden. Am Rande der „Buchhorst“, so heißt der Teil des Revieres, hatten wir einen Hochsitz erbaut – in erster Linie, um Rotwild auf dem Rückwechsel abzupassen, wenn es von den Feldern vor dem Dorf kommend in den Vogelherd oder in den Süßen Winkel zieht. Auf diesem Sitz warte ich zur Blattzeit. Schon früh bin ich losgezogen.

Als die Sonne langsam zu sinken beginnt – ich hatte zwischenzeitlich schon mehrfach geblattet, aber nichts rührte sich –, versuche ich noch einmal, diesmal mit dem Geschrei, einen Bock zu überlisten. Große Hoffnungen habe ich nicht, da mir nur selten ein Bock aufs Blatt gesprungen ist, wenn ich von einem Hochsitz aus fiepte. Nichts Besonderes ereignet sich. Schon will ich abbaumen, aber als letzten Versuch lasse ich noch einmal kurz das Angstgeschrei erklingen. Wie hingezaubert steht auf einmal ganz nah ein fahlgelbes Reh. Hat es vorher in der Deckung verhofft? Konnte es nun den Tönen nicht widerstehen? Jedenfalls prescht es fast bis unter die Leiter.

Schneeweißer Grind – alter Bock, nehme ich aus dem Augenwinkel wahr. Schon habe ich die Büchse am Kopf, schieße, und das Reh liegt im Feuer. Zufrieden schreite ich nach gebührender Wartezeit zu dem Gestreckten. Als ich mich über ihn beuge, durchfährt mich ein großes Erwachen, denn was ich vorher nicht vermutet hatte: Vor mir im hohen Gras liegt Schlappohr! Und dann kommt die nächste Überraschung, die mich sehr nachdenklich stimmt. Im nachhinein mache ich mir sogar Vorwürfe wegen der offensichtlich damals trotz großer und zeitaufwendiger Bemühungen doch zu früh abgebrochenen Nachsuche: Der Bock hat lediglich drei Läufe. Der linke Vorderlauf besteht nur noch aus einem kurzen Stumpf; also war es damals doch ein hoher Vorderlaufschuß, und der Bock hat durch ihn eine schwere Zeit durchgemacht, aber die Verletzung nach Verlust des Laufes schließlich überstanden.

Erfolglose Nachsuchen belasten jeden Schweißhundführer und Jäger tage-, ja wochenlang und klingen in der Erinnerung viel länger und schwerer nach als erfolgreiche Suchen.

Ich war damals, als Schlappohr von dem Birkensitz aus beschossen wurde, nach der langen Nachsuche der festen Überzeugung, der Bock sei gefehlt, da auf meinen Hund ansonsten stets Verlaß war. Dies nun war eine ernüchternde Erkenntnis.

Nur einmal hatte ich Axel vorher mißtraut, auch nach einer erfolglosen Nachsuche. Ein Jagdgast hatte am späten Abend einen Rehbock beschossen, der sichtbar krank in einen Haferschlag flüchtete. Im Dunkeln wurde ich mit meinem Hund gebeten nachzusuchen. Am Anschuß fand ich Panseninhalt sowie Leberschweiß und beschloß, eine sichere Totsuche erwartend, am nächsten Morgen den Hund anzusetzen. Als es schon lange hell war, gingen wir los. Immer wieder Schweiß verweisend, zog Axel stramm im Riemen liegend durch das noch taunasse Haferfeld und kam schließlich, nach wohl zweihundert Metern, an die Landstraße. Hier begann er am Rand des Straßengrabens zu faseln, bewindete ausgiebig jeden Grashalm, suchte intensiv einige Meter nach links und dann nach rechts den Graben entlang, kam aber trotz guten Zuredens meinerseits nicht weiter.

Nach einer halben Stunde wurde ich ungeduldig und gab schließlich deprimiert auf. Ein Reh mit Leberschuß nicht gefunden – welche Blamage. Als ich zerknirscht nach Hause kam, lag vor der Freitreppe auf dem Rasen ein Bock. Einer unserer Waldarbeiter hatte ihn, als er beim ersten Tageslicht aus der Gastwirtschaft im Nachbarort vom Kartenspielen kam, im Straßengraben entdeckt, war der Meinung, das Reh sei mit einem Auto kollidiert, und hatte es bei meinem Bruder abgeliefert.

Überraschender Anblick und Tändelei zwischen Schwarz und Rot

Der erbeutete Bock und wie sich sein aufgesetztes Gehörn darstellt (rechts)

Hochbrunft im Hochsommer

Nicht blatten, plätzen!

Eichen sind ein Symbol der Ewigkeit. Sie erreichen das Alter von fast dreißig Menschengenerationen – bis zu tausend Jahre werden diese Bäume alt. Schnell in den Himmel wachsen sie nicht – im Gegenteil – Eichen wachsen langsam. Früher waren sie das einzig nennenswerte Kapital vieler Heidebauern. Vermutlich sind es wirtschaftliche Gründe, weshalb sie nicht mehr oft nachgepflanzt und somit bei uns weniger werden.

In dem fast fünf Hektar großen Park meines Elternhauses steht noch so manche hohe, langschäftige Eiche. Aber diese deutschen Schicksalsbäume sind auch dort weniger geworden. Der Rest dieser Waldveteranen trägt fast regelmäßig gute Mast, und besonders im Herbst schieben sich Sauen im Park ein, und Rotwild kommt von weit her auf die Felder um das Haus gezogen und stattet auch dem Park seinen Besuch ab, um an den vielen Eicheln zu partizipieren.

In der Brunft geschah es nicht selten, daß unser altes Kindermädchen nachts, wenn die Hirsche direkt am Haus schrien und wir Kinder schlafen sollten, mit einem großen Gong, Mitbringsel eines Onkels aus China, das Wild unter den alten Eichen vertreiben mußte.

Seit frühester Kindheit ist mir dieser Park vertraut. Als ich noch mit dem Luftgewehr erste jagdliche Gehversuche unternahm, Eichkatzen und Eichelhähern nachstellte, kannte ich jeden Baum und Busch dort, wußte, wo der Bussard horstete, der Schwarzspecht seine Höhle hatte, wo der Kauz brütete und der Zaunkönig sein kunstvolles Nest gebaut hatte. Noch etwas lernte ich schon damals, nämlich daß im Park stets alte Böcke ihren Einstand hatten.

Als man mir großzügig wieder einige Rehböcke freigibt, denke ich auch an den Park. Hier beobachtete ich nämlich gleich zwei, der eine steht bevorzugt in den Erlen an der Örtze, ich sah ihn einige Male Ende April, Anfang Mai. Wenn die Zeit des Haarwechsels beim Rehwild kommt, besteht der Bewuchs auf dieser ehemaligen Weide in erster Linie aus Brennesseln, so hoch, daß der Bock „verschwunden“ bleibt. Es ist ein alter, gut vereckter regelmäßiger Gabler. Der andere ist ein mir schon aus dem letzten Jahr bekannter, älterer Bock, der links einen Spieß trägt, rechts aber gar nichts. Einige Male hatte ich ihn fast zum Greifen nah, konnte selbst durchs Glas aber nicht erkennen, ob die fehlende Stange abgekämpft oder überhaupt nicht geschoben wurde. Ein Gehörn so recht nach meinem Geschmack. Im vergangenen Jahr war es mir trotz vielfacher Versuche nicht gelungen, den Bock zu erbeuten, aber dieses Mal sollte es klappen.

Kurz vor Aufgang der Bockjagd sitze ich abends in dem hohen Wurzelballen einer gestürzten riesigen Eiche in der Nähe eines heute flachen Tümpels, der aus einer Kuhle entstand, aus der die Bewohner des kleinen Heidedorfes früher den Lehm für den Bau der Häuser holten und der heute in erster Linie unzähligen Mücken als Brutstätte dient. Die Frösche quaken im nahen Karpfenteich, und ein Igel raschelt vernehmlich im letztjährigen Eichenlaub. Kuckucke rufen, und Ringeltauben rucksen.

In einer alten Fichte neben mir ist vor einem Jahr der Blitz eingeschlagen. Die Rinde ist von der Krone bis auf den Erdboden zerstört, die Zeichen des Unwetters sitzen tief im Stamm. In zwei Metern Höhe ragen wirr durcheinander trockene Holzspäne heraus. Ein Baumläufer hat dort seinen Nistplatz gewählt. Es macht Spaß, diesen unscheinbaren kleinen Federball zu beobachten. Fast wie eine Maus sieht er aus, wenn er am Stamm hinauf- und herunterläuft. Eine Amsel schwirrt vorüber, Fliegen und Mücken umsurren mich. Dann krabbelt ein dicker Käfer an meinem Hosenbein hoch, sitzt bald darauf in meinem Genick, und als er mein Ohr erreicht, fällt er mit leisem Plumps auf die Erde. Hilflos strampelt er auf einem trockenen Eichenblatt mit seinen Beinen in der Luft. Ich betrachte den armen Kerl und befreie ihn dann aus seiner mißlichen Lage, behende krabbelt er davon.

Wieviel schöner ist es doch, auf dem Boden zu sitzen, als auf einem Hochsitz oder gar in einer geschlossenen Kanzel, wo einem so vieles entgeht. Hier bin ich der Natur viel näher und kann meine Sinne intensiver nutzen als in luftiger Höhe.

Hochsitze sind meines Erachtens ein Zeichen vom Verfall der Kunst zu jagen. Man wartet lediglich, entwickelt aber sonst kaum Aktivitäten und braucht seine Sinne kaum einzusetzen. Von einer Kanzel aus zu jagen, ist nicht Jagd im ursprünglichen Sinne – Anspannung sämtlicher körperlicher Fähigkeiten und Kräfte; es gibt kein Messen zwischen Beute und Jäger, und der sportliche Charakter, dem ich gerade bei der Jagd auf den Rehbock einen wichtigen Stellenwert gebe, fehlt. In vielen anderen Ländern habe ich gejagt. Die Wildbestände waren dort bei weitem nicht so hoch wie in Deutschland. Hochsitze aber kannte in diesen unendlichen Weiten kaum jemand.

Um mich herum sind zahlreiche kleine Bäume und Sträucher blankgefegt, weißleuchtender Bast signalisiert es mir und zeigt, daß hier ein Bock sein Wesen treibt. Ich vermute stark, daß der Einstangige hier noch seinen Einstand hat. Als es dämmert, geistert kaum 50 Gänge entfernt ein Reh durch den Dunst. Intensiv leckt es sich minutenlang die Keule, und so dauert es geraume Zeit, bis ich es ansprechen kann. Was ich gehofft, ist Wirklichkeit: Im Glas erkenne ich den Einstangigen. In völliger Finsternis schlendere ich frohgemut nach Hause, um mich am nächsten Morgen am selben Platz anzusetzen.

Noch ist es dämmerig, aber langsam wird es über mir in den Baumkronen und auf dem Erdboden lebendig. Zaghaft, fast schüchtern meldet sich hier und dort, anfangs noch etwas verschlafen, ein Vogel. Doch immer lauter und fröhlicher klingt es dann um mich herum. Von Minute zu Minute schwillt das Konzert an. Dazu quaken Frösche in den frischen Morgen, eine Gartengrasmücke höre ich heraus, sie singt ohne Unterlaß, und aus dem Jasmin am Haus krakeelt der Gelbspötter laut, aber nicht sehr melodisch. Es wäre eine Sünde gewesen, so einen stimmungsvollen Morgen zu verschlafen.

Das helle Grün der Buchen ist jungfräulich frisch, und die Eichen sind noch nicht einmal voll belaubt. Den Waldboden links von mir bedecken Maiglöckchen, und es riecht nach Wachsen und Werden. Den Bock allerdings sehe ich an diesem Morgen und auch bei den nächsten Ansitzen nicht.

Es ist schon Ende Mai, als ich Fritz, den Nachbarbauern, treffe und ihm auch von meinen Bemühungen auf den Einstangigen berichte. Verschmitzt lächelt er, und auf mein kurzes Drängen hin erzählt er, daß er gelegentlich, wenn abends spät die Arbeit auf dem Hof getan ist, noch nach seinen jungen Bullen schaut, die auf den Weiden am Spieckerbruch vor der Horst stehen. Im Scheinwerferlicht des Autos hat er auf der Rückfahrt dann und wann den Einstangigen überrascht, als dieser vor dem Park auf die Saat des großen Feldes, das wir „die Kellerlöcher“ nennen, austreten wollte. Jedesmal zog er an der gleichen Stelle vertraut zurück in den Park. Gerade dort allerdings ist der Unterwuchs so dicht, daß man den Bock kaum sehen, geschweige denn schießen kann, und am Rand, wo ich sein Auswechseln erwarte, paßte ich viele Male ohne Erfolg.

Wie mir Fritz bei einem späteren Treffen bestätigt, sieht er den Bock spät abends auch weiterhin bei seinen Fahrten zu den Bullen. Um den Einstangigen von diesem Wechsel, den er offenbar erst nach Schwinden des Büchsenlichtes einhält, abzuhalten, sinne ich über eine List. Normales jägerisches Können ist bei diesem Bock wohl nicht ausreichend, aber so eine durchdachte List könnte helfen. Ich nutze – nicht ganz fair – moderne Technik und hänge an den vermuteten Auswechsel ein Kofferradio. Leise erklingt aus dem Lautsprecher „La Paloma“, anschließend um 20 Uhr folgen die Nachrichten. Das eingeschaltete Gerät bleibt an dem Baum hängen, und ich pürsche, den halben Park umschlagend, wieder zu meinem Ansitzplatz, der umgestürzten Eiche.

Vom Parkrand klingt das Lied des Trauerschnäppers herüber, und ein Kohlmeisenpaar ist unermüdlich damit beschäftigt, seine Nestjungen zu versorgen. Ständig fliegen die Alten mit allerlei Kerfen im Schnabel das Astloch in einer jüngeren Eiche an, wo sie mit leisem Gezirpe von der hungrigen Jungschar begrüßt werden. Die letzten Sonnenstrahlen, die durch die noch kaum belaubten Baumkronen dringen, formen bizarre Bilder aus Licht und Schatten auf den Waldboden. Unter dem trockenen Laub haben Sauen frisch gebrochen, und auf einer etwas anmoorigen Stelle steht das Fährtenbild von zwei unterschiedlich starken Schweinen und mehreren Frischlingen. Hoffentlich holen sie nicht die Kitze, die ich in dem Brennesselhorst vermute, der rechter Hand hinter mir liegt. Von dort springt oft eine Ricke ab bzw. verhofft ruhig, wenn ich vorbeischlendere, und läßt mich vorüberziehen. Aber den Bock bekomme ich nicht zu Gesicht. Als es stockdunkel ist und ganz leicht zu regnen beginnt, kontrolliere ich aus einiger Entfernung das Radio. Leise Musik erklingt, und so begebe ich mich nach Hause, um vor dem Hellwerden wieder draußen zu sein.

Von weitem vernehme ich schon die Vier-Uhr-Nachrichten von der kleinen Eiche, die Batterie hat mich noch nicht im Stich gelassen. Beruhigt pürsche ich zu meinem Ansitz. Wieder verbringe ich einen herrlich beginnenden Morgen im Park. Ich sitze am Fuß einer mächtigen Eiche. Die Himmelsrichtung ist leicht zu erkennen. An der Seite, an der ich lehne, ist der dicke Stamm grün bemoost, wohingegen die Stämme der anderen Bäume, auf die ich nun sehe, eher silbern zu mir herüberschimmern. Ideales Rehwetter herrscht. Bis in die frühen Morgenstunden hatte es ganz fein genieselt, nun geht in herrlichen Himmelsfärbungen die Sonne langsam auf. Zwei schwarze Wegschnecken kriechen in dem ihnen arteigenen Tempo von mir fort. Ihre Spur glänzt silbrig auf dem trockenen, braunen Eichenlaub des letzten Jahres.

Von den jungen Ebereschen, die sich in Massen ausgesamt haben, ist scheinbar keine einzige von dem Bock verschont worden, alle sind verfegt. Ihre Rinde hängt in langen Streifen und dünnen Fasern schlaff von den einzelnen Stämmchen herunter.

All diese Beobachtungen und Stimmungen sauge ich in mich auf und genieße sie aus vollem Herzen, obgleich der vorhergehende Abend lang geworden ist und ich etwas müde bin. Mit meinem Bruder hatte ich bis tief in die Nacht unter den alten Eichen gesessen und beim Konzert der Steinkäuze über die Jagd philosophiert. So bin ich keineswegs munter, die Augenlider werden schwerer und schwerer, und schließlich schlafe ich fest und traumlos.

Als ich aufwache und erschreckt auf die Uhr schaue, ist es bereits zehn. Am Dorf tuckert ein Trecker vorbei. Aber nicht von diesem Geräusch bin ich geweckt worden, sondern durch heftige, ruckartige Bewegungen in dem dichten Gestrüpp rechts von mir. Ein Geräusch aus dem Gewirr kleiner Ebereschen, Beerengerank, wenigen Buchen, Traubenkirschen, Birken und am Rande gerade grünendem Farnkraut hat mich geweckt. Der „Geist", der dort sein Unwesen treibt, ist nicht weit entfernt. Kein Zweifel, ein Bock fegt, und da es nach meinen diesjährigen Beobachtungen nur einen hier im Park gibt, wird es „meiner" sein.

Mit einem Stock scharre ich so wild in dem Waldboden, daß die Klumpen fliegen, dann bearbeite ich eine kleine Eberesche – die bereits starke Wunden vom Fegen eines Bockes trägt. Plötzlich herrscht Ruhe, beklemmende Stille. Doch dann plätzt mein noch unsichtbares Gegenüber erneut, daß ich den Dreck spritzen höre. Sofort „antworte" ich ihm. In der einen Hand den Stock schwingend, mit der anderen die Büchse fest im Griff, jederzeit bereit, schnell zu schießen. Kurze Pause und erneut Plätzen im dichten Unterholz vor mir. Auch ich markiere wiederum einen eifrig plätzenden Rehbock, schlage mit dem Ast energisch auf einen Holunderbusch ein, und wieder kommt nach kurzer Zeit eine entsprechende Antwort aus dem Gestrüpp. Ohne zu zögern, trete ich wenig zaghaft auf den Holunderbusch zu und ahme erneut das Fegen und Plätzen eines Rehbockes nach. Ich wühle die Erde auf, daß das trockene Laub durch die Gegend wirbelt und man es weithin hören kann.

Kurz darauf wird auch im Bestand vor mir erneut ein Busch bearbeitet. Das Spiel wiederholt sich. Da stellt sich der Bock um. Ich habe ihn noch näher vor mir, sehe ihn aber nicht, sondern vernehme nur die heftigen, ruckartigen Stechschritte, höchstens zwanzig Gänge entfernt in dem Ebereschendickicht. Dazu höre ich lebhaftes Plätzen. Eine Wacholderdrossel schnarrt aufgeschreckt vorüber, als ich wiederum einen gereizten Rehbock nachahme. Der Wind steht mir direkt ins Gesicht. Durch ihn bin ich also sicher. Mit dem Stock kratze ich auf dem trockenen Boden herum und schlage kräftig darauf. Dann dresche ich auf den Holunderbusch ein, daß die Blätter in Fetzen im hohen Bogen zur Seite fliegen. Dünne Ästchen zerbrechen.

Auf knapp zwanzig Meter erscheint nun in dem dichten Bewuchs ein graues Reh vor mir. Im Nu ist die Büchse am Kopf. Während ich das Ziel im vierfachen Absehen erfasse und abdrücke, durchfährt mich ein eisiger Schreck. Im Zielfernrohr erkenne ich deutlich zwei Stangen zwischen den Lauschern des Bockes. Zu spät, die Kugel ist draußen. Einige Fluchten, dann höre ich den Bock zusammenbrechen. Zwischen Hoffen und Bangen stopfe ich mir eine Beruhigungspfeife. Nach kurzer Wartezeit stolpere ich zum Anschuß und folge der Schweißfährte ins Dickicht. Schon leuchtet mir die graurote Decke des Bockes entgegen. Nach wenigen Metern liegt er vor mir, ein verbogener, dünnstangiger Spießer – uralt, wie der Griff in den Äser beweist. Er ist von niemandem, den ich später befrage, jemals vorher gesehen worden. Wie hoch mag die Dunkelziffer der unbekannten Rehe in unserem Revier wohl sein?

Den Einstangigen schoß ich zwei Jahre später! Am frühen Vormittag beim Rückweg von einer Morgenpürsch schlendere ich durch den Park nach Hause. Zwischen den Jungeichen ist plötzlich rechts am Weg Bewegung, ein Bock tritt aus dem urwaldähnlichen Dickicht auf den geharkten Parkweg, sichert längere Zeit und nascht dann hochaufgereckt an einem Holunderbusch. Schon hat sich das Fadenkreuz des Zielfernrohres auf dem Blatt festgesaugt, und im Schuß bricht der Einstangige verendet zusammen. Auf fünf Jahre schätzen wir sein Alter, er mag auch sechs gewesen sein. Wer kann das schon so genau nach dem Abschliff der Zähne sagen?

Überraschend viele Jäger glauben nach wie vor, Rehwildbestände ließen sich der Zahl nach genau erfassen. Besonders in Waldrevieren ist das meines Erachtens ein schwieriges, wenn nicht sogar unmögliches Unterfangen. Den Einstangigen hatten nämlich weder ich noch jemand anderes in den vergangenen zwei Jahren gesehen – ja, wir waren sogar der Überzeugung, daß sich seit der Erlegung des alten Spießers kein Rehbock mehr den Park als Einstand gewählt hatte. Die Erlegung des untergetauchten Einstangigen ist ein erneuter Beweis dafür, wie schwer sich Rehwildbestände der Zahl nach erfassen lassen.

Daß Jäger, die immer noch meinen, sie würden jedes Reh in ihrem Revier kennen, unverbesserliche Optimisten sind, beweist auch der Fall des Flughafens Zürich, der im Jahre 1987 ausführlich in der Jagdpresse abgehandelt wurde und für großes Aufsehen gesorgt hat: Von dem eingezäunten Flughafengelände sollte der gesamte Rehwildbestand aus Gründen der Flugsicherheit „eliminiert" werden. Der erfahrene Berufsjäger war sicher, jedes Stück in dem weitgehend offenen Gelände zu kennen und fest überzeugt, auf dem Flughafen lebten zu jener Zeit 42 Rehe. Geschossen wurden letztendlich 215. Das sollte uns eine Lehre sein.

Pürschfahrten mit dem Panjewagen

Von den unterschiedlichen Jagdgebieten Jugoslawiens, seien es die Gebirge oder die weiten Ebenen, die dichten Wälder oder die bewaldeten Flußufer, ist mir die Vojvodina am stärksten ans Herz gewachsen. Dort, wo noch vor wenigen Jahren das Rehwild fast nebenbei mit dem rauhen Schuß erlegt wurde, werden nicht zuletzt aufgrund der vorhandenen Äsung jährlich häufig Böcke mit kapitalen Gehörnen erbeutet. Allerdings hört man nicht immer von deren Erlegung, da bei den einheimischen Jägern Gehörne eine untergeordnete Rolle spielen. Mein Freund Relja hatte mir aber verschiedentlich wahre „Monster“ von Rehkronen gezeigt.

Wieder bin ich in dieses Jagdparadies zwischen Donau und Theiß eingeladen.

„Aide“, ruft unser Kutscher. Die beiden Pferde, die vor eine Kutsche mit eisenbereiften Rädern gespannt sind, reagieren mit kurzem, gemütlichen Schnauben. Erst als der Kutscher mit der Peitsche knallt, ziehen sie an und fallen sogar zeitweise in kurzen Trab. Die Fahrt geht über trockenen Lößboden durch knöchelhohe Luzerne querfeldein. Immer wieder bringen sich Fasanengesperre vor uns in Sicherheit. Vorbei geht es an Stoppelfeldern, die zum Teil schon umgebrochen werden, und dabei entdecken wir in einem Sojabohnenfeld einen jungen, treibenden Bock. Weiter rollen wir über staubende Äcker, links und rechts erstrecken sich fast endlose Maisfelder.

Verschiedene Rehe haben wir vor uns gehabt, meistens waren es Ricken, ab und zu ein junger Bock, aber nichts, wonach uns der Sinn steht, nämlich ein guter, reifer Bock, den es in dieser Gegend geben soll.

Als wir uns gegen vier Uhr morgens mit dem Berufsjäger am verabredeten Platz trafen, war es empfindlich kalt. Auf dem

Draht einer Lichtleitung saß ein Käuzchen und rief, als wolle es uns begrüßen. Ich war froh, an diesem herrlichen, aber frischen Morgen einen Pullover mitgenommen zu haben. Jetzt ist es sehr warm geworden, und wir lassen die Pferde im Schatten einiger hoher Weiden verschnaufen. Von irgendwoher klingt das melodische Pfeifen eines Pirols zu uns.

Zu dritt, der Berufsjäger, Relja und ich, verlassen wir das Gespann und pürschen behutsam durch die hohen, mit dichtem Akazienunterwuchs bestockten Pappelwälder. Hier sind immer wieder begrünte Schneisen zu finden, die offensichtlich gerade dem Rehwild die so begehrte abwechslungsreiche Äsung bieten. Plötzlich geht der Berufsjäger vor mir in die Knie. Er hat ein Reh entdeckt. Seiner Gestik nach ist es ein jagdbarer Bock. Kriechend bewegen wir uns zur nächsten Schneise. Hier müßte er kommen, sollte er seinen Wechsel beibehalten. Zehn Minuten lang rührt sich nichts. Da pflücke ich mir ein Akazienblatt, und schon klingt es „piäh-piäh" durch den Bestand. Lautes Brechen verstummt nur wenige Meter vor uns im dichten Gestrüpp. Wieder folgen Minuten Stille und Spannung. Da erscheint ein Reh auf der Schneise. Fahlgelb, weiße Maske und ein Nicken des Führers. Schon ist die Kugel aus dem Lauf. Nach wenigen Fluchten hören wir den Bock zusammenbrechen, und rundherum schreckt nun Rehwild.

Als wir an den Gestreckten herantreten, ist die Freude meiner Begleiter nicht so groß wie kurz vorher. Vor uns liegt ein kaum vereckter, ungefähr vierjähriger Gabler. Wir alle hatten den Bock nicht nur stärker, sondern weitaus älter angesprochen. Nun – im Gegensatz zu meinen Mitjägern bin ich keineswegs enttäuscht, sondern freue mich, daß der Bock auf mein Blatten zustand, auch über den guten Schuß und das recht interessante, nicht ganz regelmäßige Gabelgehörn.

Mit meinen Blattkünsten habe ich bei den Jägern großen Eindruck gemacht. Immer wieder werde ich deswegen gelobt, und beide versuchten, allerdings erfolglos, den dünnen Akazienblättern ebenfalls ein paar Töne zu entlocken. Den Rehbock geschultert, geht es zurück zur Kutsche. Erst jetzt bemerke ich, daß bis auf wenige Ausnahmen fast alle jungen Pappeln gefegt sind.

Der Rückweg führt durch vereinzelte Zuckerrübenfelder, vorbei an großen Wassermelonenschlägen. An der Straße zu unserem Standquartier in Novi Sad bieten Einheimische die Früchte zum Verkauf an. Es wird nun hochsommerlich heiß, und ich freue mich auf den Abend.

Es gibt viel Wasser in der Gegend, und wir haben eine Entenjagd eingeplant. Nach halbstündiger Fahrt sind wir im Revier. Jetzt allerdings interessieren uns die ausgedehnten Maisschläge nicht. Unser Ziel sind die zahlreichen Schilfwälder. Unzählige Bekassinen streichen immer wieder vor uns ab, um nur wenige Meter weiter mit schrillem Schrei in dem flachen Brackwasser erneut einzufallen.

Ein buntschillernder Eisvogel und andere in unseren heimatlichen Wasserrevieren selten gewordene Vögel fliegen an uns vorbei, während ein einfacher Holzkahn meinen Jagdführer und mich zu einer der vielen Schilfinseln bringt. Hier werde ich abgesetzt und stehe nun im dicken Morast. Wenn ich unter größeren körperlichen Anstrengungen mein Gewicht von einem auf das andere Bein verlagere, entstehen laute, schmatzende Geräusche. Zwischen den hohen Schilfhalmen komme ich mir vor wie eine sich tarnende Rohrdommel. Das Boot ist längst wieder fort. Vor mir fallen kreischend ein paar Austernfischer ein. Das Schilf raschelt, und hinter mir warnen andere Kleinvögel.

Unverhofft brechen dann wahre Kanonaden los. Einmal zähle

ich siebzehn Schüsse hintereinander. Eine Gruppe italienischer Vogeljäger ist draußen. Ich traf sie tags zuvor im Büro des Jagdreiseveranstalters, als sie mit einer Tagesbeute von 80 Wachteln zurückkehrten. Das war angeblich nicht viel, da es seit zwei Wochen nicht geregnet hat und bei der Trockenheit die Vorstehhunde wenig Witterung bekommen.

Mir kommen zwei Enten. Eine fällt, und ich höre, wie sie wenige Meter von mir entfernt auf den Morast klatscht. Dann kommen Mücken, ganze Legionen. Nach einer halben Stunde allerdings, als die Sonne untergegangen ist und es langsam kühler wird, sind sie wieder verschwunden. Hier und da quakt ein Frosch.

Zwischenzeitlich ist der Mond aufgegangen. Die Kanonaden der Italiener werden seltener, aber jede Salve schließt nun mit aufgeregten lauten Diskussionen, die schnatterhaft zu mir herüberklingen. Auch ich komme immer wieder zu Schuß. Am Ende dieser Jagd liegen zwölf Enten auf meiner Strecke. Ein Deutsch-Drahthaar, den ein einheimischer Jäger führt, hat sie apportiert. Ich bin sehr zufrieden. Meine Begleiter sind ein wenig enttäuscht, sie hatten eine höhere Strecke erwartet. Aber ich freue mich, ein herrlicher, stimmungsvoller Abend und mit 17 Patronen ein durchaus befriedigendes Ergebnis.

Im Auto geht es über eine Asphaltstraße, auf der ich während der Rückfahrt im Scheinwerferlicht siebenundzwanzig totgefahrene Hamster zähle, zum Hotel. Auf die „Verkehrsopfer" angesprochen, zucken meine Begleiter nur mit den Schultern. Hamster – was sind das? Die fressen nur den Bauern das Getreide weg. Welch verwunderliche Einstellung für mich. Hier herrscht noch ein bei uns bereits weitgehend verdrängtes Nützlich-Schädlich-Denken bei der Bevölkerung vor.

Der nächste Morgen findet Relja und mich schon vor Tageslicht wieder auf dem eisenbereiften Panjewagen! Glücklicherweise habe ich auf unserer Fahrt ins Revier an einem verlassenen Bauerngehöft einen Fliederbusch entdeckt und kann mir so für die „Musik vom Baum“ ein paar geeignete Blätter pflücken. In der Morgendämmerung ziehen Schwärme von Turteltauben von den Sonnenblumenfeldern über uns hinweg in Richtung Theiß. Nun stockt der Wagen. Unser Fahrer hat mit Luchsaugen zwei ungewöhnlich starke Rehe entdeckt, die vor einem ausgedehnten, weithin herrlich gelb leuchtenden Sonnenblumenfeld vertraut äsen. Es dauert lange, bis auch ich sie ausmachen kann. Als Ricke und Kitz sprechen wir sie durch unsere Gläser an. Die Stärke des Wildes hier verwundert kaum bei den günstigen Lebensbedingungen. Im Herbst wiegen die Ricken bis zu fünfundzwanzig Kilogramm.

Da jede Familie in Jugoslawien noch zehn Hektar Eigentum bewirtschaften darf, ist trotz großflächiger, intensiver Landwirtschaft durch immer wieder eingesprengte kleine Parzellen für abwechslungsreiche, optimale Äsungsbedingungen gesorgt.

Weiter geht es über Weizenstoppeln, und beim Anblick der abgeernteten Felder kommt schon herbstliche Stimmung auf. Acht Weißstörche halten uns bis auf zehn Meter aus, und selbst ein Schwarzstorch, sonst heimlich und scheu, läßt uns bis auf zwanzig Gänge heranrollen, ehe er schwerfällig davonklaftert. Hier und da hören wir die Wachteln rufen, bevor wir in einem herrlich duftenden Akazienwald eintauchen. Vereinzelt entdekken wir immer wieder Rehe, aber sie wirken wenig vertraut. Der Tag ist bereits zu weit fortgeschritten, die Landbevölkerung bringt mit ihren Pferdefuhrwerken Unruhe auf die Felder, wo Bauern mit der Sense die Luzerne mähen.

Müde trotten die beiden Pferde über den Acker, der mit einer mir unbekannten Frucht bestellt ist. Allein auf dieser höchstens fünf Hektar großen Fläche zähle ich dreiundzwanzig Hasen, die sich teils drücken, teils schon auf weitere Entfernung aufstehen und das Panier vor uns ergreifen. Hier habe er oft einen starken Bock mit außergewöhnlich hohen Stangen beobachtet, der stets mit seiner Ricke morgens aus den Melonenfeldern in den Akazienwald zog, meint Relja. Wir lassen im Schatten der hohen Bäume die Pferde halten. Im gleichen Augenblick ruft der Kutscher aufgeregt: „Gospodin, dort springt er ab!“ Völlig aufgelöst zeigt der Mann mit der Peitsche an den Rand des dichten Akaziengestrüpps, wo sich die Zweige bewegen.

Wir haben das Wild zwar nicht gesehen, beschließen aber, umgehend hinterherzupürschen. Allerdings wird uns schon nach knapp zwanzig Metern das aussichtslose Unterfangen klar. Die trockenen Schoten der Akazien krachen unter unseren Füßen. Leises Vorwärtskommen ist unmöglich. Berühren wir einen Zweig, fallen Schwärme von Insekten auf uns nieder. Ich lehne es ab, einen Duftstoff gegen die Quälgeister zu benutzen, da ich der Meinung bin – man denke an die Hitze und den Schweiß –, für die feinen Sinne des Wildes genug zu „stinken“. So bin ich erleichtert, als Relja mir bedeutet, allein weiterzupürschen, während er bei der Kutsche auf mich warten will.

Ich lege meine Schuhe und Strümpfe ab und versuche mich barfuß möglichst lautlos durch das dichte Gestrüpp zu bewegen: Ein recht mühseliges Unternehmen. In ungefähr 50 Metern Entfernung glaube ich eine Freifläche auszumachen. Doch die Lücke, die ich erblickt habe, ist die Theiß, die träge unter mir dahinfließt. Kurz entschlossen krempele ich meine Hosenbeine hoch und steige durch die dichte Schicht der die Wasseroberfläche bedeckenden Weiden- und Pappelblüten in den rund zweihundert Meter breiten Fluß. Hier ist lautloses Pürschen verhältnismäßig einfach.

Nach ungefähr dreihundert Metern erklimme ich das steile Ufer und finde einen bequemen Ansitzplatz in dem verwurzelten Fuß einer alten, knorrigen Akazie. Dichtes Gebüsch umgibt mich. An manchen Stellen habe ich höchstens zehn Meter Schußfeld und keine zwanzig Gänge Sicht.

Zehn Minuten lasse ich verstreichen, um dann auf dem mitgebrachten Buchenblatt das Angstgeschrei einer Ricke nachzuahmen. Augenblicklich steht eine junge Geiß vor mir. Kaum fünf Gänge entfernt tritt sie unruhig von einem Vorderlauf auf den anderen, und immer wieder fährt ihr Lecker über den Windfang. Ich rege mich nicht, habe aber Bedenken, daß sie das Klopfen meines Herzens vernehmen könnte, so nahe ist sie. Da erscheint der Bock. Die Bewegung, die ich in dem dichten Unterwuchs mehr ahne als wirklich wahrnehme, veranlaßt die Ricke zum Abspringen. Kurz sehe ich das Haupt des ersehnten Bockes mit den außergewöhnlich hohen Stangen, noch kürzer habe ich das Blatt frei. Der Schuß ist draußen und der Bock verschwunden. Kurzes Prasseln, ich höre ihn zusammenbrechen, Ruhe. Erst viel später, als die Spannung langsam von mir gewichen ist, trete ich zum Anschuß, wo mir hellroter Lungenschweiß den tödlichen Treffer bestätigt. Kurz danach stehe ich vor dem starken, ungefähr sechsjährigen Bock.

Als ich das Aufbrechen beendet habe, finden mich die Freunde. Wir hatten uns immer durch Rufe verständigt. Die Freude über diesen umsichtig, aber mit viel Anstrengung und Schweiß erkämpften Erfolg ist diesmal verständlicherweise bei uns allen gleich groß. Das freundschaftliche Umarmen und Auf-die-Schulter-Klopfen will kein Ende nehmen. Es vertreibt den Anflug von Nachdenklichkeit, die mich immer überkommt, wenn der unvermeidliche Abschluß einer Jagd gekommen ist. – Die Hitze macht uns müde. Als die Beute auf der Kutsche verstaut ist, rollen wir langsam zum Jagdhaus. Der uns dort angebotene kühle, selbstgebrannte Obstschnaps ist eine Wohltat auf nüchternen Magen.

Offenbar haben sich meine Blattkünste bei den Berufsjägern dieser Umgebung herumgesprochen. Fünf erwachsene Männer hängen förmlich an meinen Lippen und versuchen, hinter das Geheimnis zu kommen, mit dem ich den Fliederblättern die kurzen Fieptöne entlocke. Immer wieder versuchen sie es. Nach kurzer Zeit wirft aber einer nach dem anderen von ihnen mißmutig das Blatt auf den Boden und gibt auf.

Am Abend unternehmen wir eine weitere Pürschfahrt. Wir haben viel Anblick. Regenschauer und am Horizont zuckende

Blitze haben – Gott sei Dank – merklich für Abkühlung gesorgt. Der lehmige Boden ist schmierig geworden und bleibt an den Rädern der Kutsche kleben. Dennoch knistert das Gras, und Hunderte von Heuschrecken ergreifen vor uns die Flucht. Es ist schon stark dämmerig, und Dunst liegt auf den Feldern, als unser Kutscher in der hohen Luzerne einen Bock mit einer Ricke entdeckt. Nur die Köpfe der Rehe schauen heraus. Ein Schuß scheint mir unverantwortlich zu sein. Mißtrauisch betrachtet der Kutscher das nur vierfache Stahlzielfernrohr meiner alten Büchse. Die meisten Jagdgäste kommen mit stärkeren Gläsern und schießen auch auf weite Entfernung. Ich bin aber noch erfüllt von dem morgendlichen Waidmannsheil und möchte den Erfolg nicht durch einen unsicheren Schuß trüben.

Als wir heimwärts rollen, locken in den Feldern Rebhühner. Vertraute Klänge in einem fernen Land. Die Gastfreundschaft der Jugoslawen – viele von ihnen sprechen Deutsch, da sie einige Jahre in Helmstedt, Wuppertal, Salzgitter oder Duisburg verbracht haben – läßt den Abend lang werden. Es bleiben lediglich zwei Stunden Schlaf bis zum frühen Aufstehen am nächsten Morgen.

Wir fahren in ein Revier, in dem in diesem Jahr noch kein Bock erlegt wurde. Viele Jäger hatten es bereits erfolglos versucht, und man vertraut nun auf die Brunft und auf mein Blatten. Unzählige Lerchen singen am Himmel, während wir durch die Felder rollen. Kaum angelangt, erblickt der Kutscher am Waldrand einen Bock, den wir, sobald der Wagen zum Stehen kommt, als alt ansprechen. Doch da hat er uns offensichtlich schon bemerkt und springt laut schreckend ab. Mein Begleiter drängt mich, nach kurzer Wartezeit zu blatten. Das mache ich auch, obwohl es mir sinnlos erscheint. Was ich kaum zu hoffen gewagt habe, tritt ein. Der Bock kommt im Troll aus dem dichten Bestand zurück und verhofft. Auf knapp hundert Gänge ist es ein einfacher Schuß, und im Knall bricht er verendend zusammen.

Beutestücke – vielfältig in der Ausformung, ob stark oder mickerig, aber für den

Jäger alle mit sehr persönlichen Erlebnissen verbunden

Faszinierende Stimmungen im Rehwildrevier

Ich habe einen mindestens zehnjährigen, wenn nicht älteren, starken Spießer gestreckt. Mein ältester Bock bisher, nicht nur in Jugoslawien. Er saß voller Zecken.

Die herrlichen Jagdtage in der Vojvodina sind wieder viel zu schnell vorübergegangen. Ein letzter Morgen, eine letzte Pürschfahrt auf dem Jagdwagen, bis die Leute wieder zur Arbeit auf die Felder kommen. In den wenigen Tagen meines Aufenthaltes sind es mehr Stoppelfelder geworden, aber die blauen Kornblumen blühen immer noch an den Wegrändern. Trotzdem – der Sommer neigt sich seinem Ende zu.

Geschehnisse an einem Pürschpfad

Wenn man durch den Park meines Elternhauses hindurch Richtung Örtze pürscht, vorbei am Überfallgraben, kommt man schließlich an das Jagen 21. Vorher muß man allerdings noch über die Weiden, auf denen eine 50köpfige Heidschnuckenherde grast und normalerweise mehrere Reitpferde den Ankömmling mit vertrautem Schnauben begrüßen. Hier führt eine Brücke über den „Lehmann-Kanal", der munter durch die Wiesen und Weiden plätschert, um am Rande der Horst in die Örtze zu münden. Früher ein mooriges, fast stehendes Gewässer, zugewachsen mit Binsen und Wasserpest, Heimstatt von Fröschen, Libellen und anderem Getier, wurde er in den fünfziger Jahren von einem Waldarbeiter meines Bruders, damals noch per Hand, da es wirtschaftlicher war als der Einsatz schwerer Maschinen, eben von Opa Lehmann, geräumt. Seitdem heißt er Lehmann-Kanal, ist breit und hat sogar eine Strömung.

Von Opa Lehmann gibt es manche Anekdote zu erzählen. Eine ist mir besonders in Erinnerung. Die Waldarbeiterrotte saß während eines heißen Sommers in der Mittagspause in der Heide, und bei ihnen saß auch Wildmeister Mackeroth, um die Arbeitseinteilung für die nächsten Tage vorzunehmen. Während der Gespräche starrte Opa Lehmann wie hypnotisiert auf die Füße von Mackeroth. Irgendwann fiel es diesem auf, und als sein Blick über den Erdboden wanderte, bemerkte er eine Kreuzotter. Erschreckt sprang Mackeroth auf und rief vorwurfsvoll: „Mensch, Lehmann, die hätte mich doch, wäre ich auf sie getreten, glatt beißen können!" Und der trockene Kommentar des Waldarbeiters war: „Ja, ich habe mich die ganze Zeit gewundert, daß sie es nicht getan hat."

Der Untergrund des Lehmann-Kanals ist nicht mehr moorig, sondern heller Kies leuchtet aus dem Bachbett, und mitunter kann man kleine Fische – Rotaugen, Barsche oder Stichlinge – in der Strömung beobachten.

Aber nicht nur Fischen ist der kleine Bach Einstand, ich beobachtete hier auch den – wie ich ihn taufte – „Wasserbock". Ende Juli, der Monat war außergewöhnlich heiß gewesen, pürsche ich auf einen älteren, von mir bereits im Mai bestätigten Rehbock. Mein Gang führt mich in den Abendstunden stets über den Lehmann-Kanal, der trotz der langanhaltenden Trokkenheit noch Wasser führt. Und bei nicht weniger als sechs Ausgängen springt von einer bestimmten Stelle im Bachbett ein durchnäßter Rehbock bei meiner Annäherung ab. Als er auch am siebten Abend wieder von derselben Stelle vor mir flüchtet, untersuche ich den Platz genauer und finde im sehr flachen, aber fließenden Wasser im dichten Krautbewuchs ein frisches Bett. Der Bock hat offenbar regelmäßig im (kühlenden?) Wasser geruht.

Meine Vermutung einer möglichen Verletzung, nach der Wild ja gern Wasser annimmt, wurde nicht bestätigt, da ich den jungen Bock später mehrfach als gesund ansprechen konnte. Schalenwild nimmt auch bei starkem Ektoparasitenbefall sehr gern Wasser an. Als der Bock drei Jahre später erlegt wurde, deutete nichts darauf hin, daß er krank gewesen war.

Dort, wo der Kanal in die Örtze mündet und etwas breiter wird, lag früher oft eine Reuse. Manchen dicken Aal entnahm ich ihr und räucherte ihn dann in einem alten Betonrohr, das ursprünglich als Durchlaß für einen Graben diente.

Es gibt wohl kaum etwas Köstlicheres als selbstgefangene, frisch geräucherte Aale direkt am Fischwasser zu verzehren. Das Verfahren ist recht einfach: Auf ein aus saftfrischem Birkenholz gut funktionierendes Feuer wird senkrecht das Rohr gestellt, am oberen Ende werden an einer quergelegten Stange die Aale ins Rohr gehängt und dann diese Öffnung mit einem nassen Sack überdeckt. Die Rauchentwicklung ist enorm, und spätestens in einer halben Stunde hat man eine fette, aber gute Mahlzeit. Übrigens fing ich nicht nur Aale in dieser Reuse, einmal war es unglücklicherweise eine Stockente und das andere Mal ein Bisam.

Nur rund 30 Meter vom Lehmann-Kanal entfernt bildet ein zugewachsener Durchlaß mit defekten Betonrohren den Übergang von den Örtze-Weiden in den Wald, und zwar in das schon erwähnte Jagen 21. Hier beginnt ein Pfad, auf dem gewiß schon mein Groß- und Urgroßvater entlanggepürscht sind, um Wild, das abends auf die Wiesen zur Äsung und morgens wieder in den Bestand zieht, abzupassen. Von diesem Pfad habe ich wohl mehr Rehwildbegegnungen gehabt, als von jeder anderen Stelle dieses heimatlichen Reviers. Der Pürschpfad wurde nie gefegt, wie es in manchen Revieren üblich ist. Aber man sieht, daß er alt, viel benutzt, ja, an manchen Stellen sogar ausgetreten ist, nicht nur von den Jägern, auch vom Wild.

Allerdings liebten auch streunende Hauskatzen des Dorfes die Wiesen-Wald-Grenze; eine starke Weiß-graue hatte all meine Aufmerksamkeit geweckt. Ich saß am Fuße einer mächtigen Eiche am Rande des Pürschpfades, leuchtete die Örtze-Weiden vor mir ab, als ich den Räuber entdeckte, der behutsam, aber ohne mich zu bemerken, in meine Richtung schnürte. Eine leichte Beute, dachte ich, und so war es auch. Auf ungefähr 50 Meter ließ ihn mein Kugelschuß augenblicklich verenden.

Das Echo des Schusses war noch nicht verklungen, da begann hinter mir ein lautes Schreckkonzert. Mehrere Minuten klang es, stetig näher kommend, zu mir herüber. Dann erschien ein schreckender Rehbock und zog direkt auf die tote Katze zu. Mit dem Glas sprach ich ihn als etwa vier- bis fünfjährigen, schwachen Spießer an. Immer noch schreckend trollte er auf die tote Katze zu und bewindete sie aus nächster Nähe. Nach meinem zweiten Schuß brach er nur wenige Gänge von dieser entfernt zusammen.

Lange habe ich darüber gegrübelt, was wohl die Ursache für dieses ungewöhnliche Verhalten des Bockes gewesen sein mag, bin aber zu keinem Schluß gekommen.

Drei gute Büchsenschußentfernungen lang zieht sich der Pürschsteig schnurgerade an einem zumeist ausgetrockneten Graben, der allerhöchstens mal nach der Schneeschmelze Wasser führt, an der 21 entlang. Vom Lehmann-Kanal kommend, liegt links das Altholz, am Anfang stehen viele alte Eichen, die bei guter Mast nicht nur dem Rot- und Schwarzwild große Teile des Jahres hindurch reichlich Äsung bieten, sondern auch Eichelhäher, Tauben und Enten anziehen. Rechter Hand steht zwischen einem Graben, der keinen besonderen Namen trägt, und den Örtze-Wiesen und Weiden ein schmaler Streifen Gestrüpp aus Erlen, Weiden, ab Sommer vielerorts Brennesseln und manch anderem Bewuchs – gerade so breit, daß dieser Gürtel dem Jäger genug Deckung bietet, um unbemerkt von dem draußen stehenden Wild entlang zu pürschen.

Nach wohl 400 Metern kreuzt die „Patt", wie ein Jagdfreund aus Südwestafrika den Steig nennt, ein Weg, an dessen Rand eine offene Kanzel steht. Von ihr aus hat man einerseits einen weiten Blick auf die Örtzeweiden, übersieht rechts den Waldrand zum entfernten Jagen 21 und zum Jagen 16, das die alte Flurbezeichnung „Süßer Winkel" hat und als einer der besten Rotwildbrunftplätze dieses Revieres gilt und wo ich seinerzeit „Schlappohr" erlegte. Im Rücken liegt die „Buchhorst", die von vielen auch „Vogelherd" genannt wird, sowie die Abteilung 11, beides beliebte Feisthirscheinstände.

Der Vogelherd ist eine riesige, rund 30 Hektar große Sumpflandschaft. An vielen Stellen kann man hier nur von einer

Grasbülte zur anderen springend vorwärtskommen. Alte umgestürzte, fast vermoderte Baumriesen, meistens stattliche Erlen, und auf den wenigen trockenen Stellen einige verkrüppelte Fichtenhorste oder riesige Porstbüsche erschweren dem Jäger das Pürschen.

Aber nur in den seltensten Fällen, wie beim Ruf mit der Muschel zum Angehen eines Brunfthirsches oder zur „dummen Stunde“, wenn das ungestörte Wild zwischen elf und dreizehn Uhr umherbummelt, braucht man diese Wüstenei, wie sie Wildmeister Mackeroth taufte, zu betreten, die wegen ihrer Ruhe eine Wildkammer im wahrsten Sinn des Wortes ist. Ansonsten gibt es ja den Pürschpfad, der mir seit frühester Erinnerung immer jagdliches Erleben geboten hat, oft sogar sehr überraschend. So zum Beispiel mit dem „Jährling“, einem Bock, der links einen starken Spieß trägt und rechts einen Knopf, der gelegentlich gesehen wird von Haumeister Otto, Nachbar Wilfried, Wildmeister Mackeroth, aber erstaunlicherweise nie jagdliches Interesse erweckt. Zeitweise steht er im Park, zeitweise wird er am Lehmann-Kanal beobachtet, aber das Jahr vergeht, der „Jährling“ gerät bis zum 16. Mai des Folgejahres in Vergessenheit und wird dann mit dem kurzen Kommentar „Naja, er kann ja geschossen werden“, abgetan.

Als dann einer unserer Vettern erscheint, der einen Bock schießen soll, bleibt letzterer zunächst lange Zeit unsichtbar, wird dann zwar ab und zu gesehen, aber nie erlegt. Im dritten Jahr – es ist klar, daß es nun kein Jährling mehr sein kann, doch der Hinweis bleibt „Der Jährling ist frei“ – entzieht er sich geschickt den Blicken aller Jäger, wohingegen er von den Holzarbeitern, Anglern usw. mehrfach beobachtet wird. Immer interessanter und begehrenswerter wird dieser Bock für mich.

Im darauffolgenden Jahr pürsche ich bald nach Aufgang der Bockjagd über die Brücke am Lehmann-Kanal und stehe gerade im Sichtschutz der Büsche, die mich zur Örtze hin abschirmen, als ich einige Faltbootfahrer, ewiges Kümmernis für die Grundbesitzer, ausmache, die laut johlend ihre Boote an Land ziehen. Mit manchen dieser Zeitgenossen haben wir ausgesprochen schlechte Erfahrungen machen müssen. Nicht nur, daß sie durch ihr wildes Zelten ungeahnte Unruhe ins Revier bringen, mitunter unbedacht Feuer machen und Waldbrände verursachen sowie zahllosen Wohlstandsmüll hinterlassen, der die Natur verschandelt sowie Haus- und Wildtieren zum Verhängnis werden kann, sondern weil sie oft auch wenig Verständnis für die Probleme der Grundeigentümer, Jäger, Angler und Landwirte zeigen. Wie oft mußten wir freilaufendes Weidevieh wieder suchen, da die Unwissenden das Koppeltor nicht wieder schlossen, und wie oft traten sie in den Wiesen herum, die am nächsten Tag zur Mahd anstanden, und walzten das Gras platt. Der Gipfel war ein großes Feuer, das sie am Waldrand entzündeten, und als Brennmaterial rissen sie kurzerhand einen Hochsitz ab. Der Ärger auf diese Leute war also berechtigt.

Nachdem die Boote ans Ufer gezogen sind, ich habe die ganze lautstarke Aktion mit dem Fernglas beobachtet, beginnt der „Besuch“ auf der noch nicht gemähten Wiese johlend Fußball zu spielen. Verärgert gehe ich zurück, um diese Gäste zum Verlassen der Wiese aufzufordern.

Genau in diesem Augenblick zieht aus einem kleinen Binsenhorst ein Reh, dem der Ball wohl zu nahe gerollt war, auf mich zu. Die Unruhe und den Lärm der Leute nimmt es offenbar nicht ernst. Im Doppelglas entpuppt es sich als der „Jährling“, dessen Erlegung nun recht einfach ist. Den Schuß hat er wohl ebensowenig gehört wie die vergnügt hinter dem Ball herjagenden Wassersportler. Der Bock war – nach dem Zahnabschliff zu urteilen – über sechs Jahre alt.

Im selben Jahr erlege ich in der Abteilung 21 einen anderen, vermeintlich sehr alten Bock. Mackeroth und Buhr haben ihn oft, allerdings stets erst sehr spät, auf die Wiesen vor der 21 austreten sehen. Seine fahlgelbe Deckenfärbung spricht dafür, daß er krank ist, wahrscheinlich steckt seine Leber voller Egel, was bei den ewig feuchten Örtze-Wiesen nicht selten ist. Aber auch von Dassellarven ist das Wild in manchen Jahren stark befallen. Das Husten und gelegentliche Schütteln des Kopfes spricht hierfür.

Letztlich, so meint zumindest der Haumeister, müsse der Bock wegen seines heimlichen Verhaltens alt sein. Er tritt, wenn überhaupt, erst sehr spät aus, ist mißtrauisch, wirft immer wieder auf und äugt oft minutenlang sichernd umher. Nach meinen Beobachtungen allerdings spricht dieses Verhalten eher für einen jungen Bock, der den Platzbock fürchtet. Alte, erfahrene Böcke verhoffen zwar auch vor dem Austreten lange im Schutz der Deckung, ähnlich wie ältere Keiler. Fühlen sie sich dann aber sicher, benehmen sie sich recht selbstbewußt und lassen sich beim Äsen kaum stören.

Das Passen auf den „Gelben" an den Wiesen hatte wenig Zweck. Viele Male hatte ich es erfolglos versucht, aber wenn ich ihn sah, war es immer schon zu spät und zu dunkel, und dichter Bodennebel verhinderte einen sicheren Schuß. Anderen Jägern geht es genauso, und ich entschließe mich, mein Glück im Bestand zu suchen. An einigen Blößen harre ich aus über Mittag und manchmal auch morgens, ohne Erfolg.

Abends, wenn ich aus anderen Revierteilen auf dem Pürschpfad an der 21 nach Hause strebe, springt manchmal ein Reh vor mir ab. Da dies mehrmals an der gleichen Stelle geschieht, nämlich aus dem Streifen zwischen Pürschpfad und Wiese, und ich einmal auch im letzten Licht den Gelben angesprochen zu haben glaube, setze ich mich am folgenden Tag an den Fuß einer starken Fichte neben dem Pürschpfad.

Es ist noch hell, als der Gelbe erscheint. Er ruhte in dem nur höchstens fünf mal zehn Meter großen schmalen Bewuchsgürtel zwischen Pürschsteig und Wiesen. Nun kann ich ihn in Ruhe beobachten, ohne allerdings zu Schuß zu kommen. Immer wieder zieht er ganz kurz auf die Wiese, äst am Waldrand; kommt ein Faltboot, wechselt er zurück in die Brennesseln, und nur sein Kopf ist zu sehen. Er wartet, bis die Störung vorbei ist und zieht dann wieder hinaus – für einen Schuß allerdings immer zu sehr verdeckt.

Wenige Tage später harre ich an derselben Stelle, als der Bock wieder einmal kurz in die Wiesen zieht, für mich immer verdeckt, und wenig später in die kleine Bewuchsinsel strebt, obwohl ich keine Störung ausmachen kann. Regungslos äugt er in die mir abgewandte Richtung. Ich bin genauso gespannt wie er.

Endlich – fünf Minuten mögen vergangen sein – entdecke ich die Störung. Es ist unser Haumeister Otto, der, vom Vogelherd kommend, aufmerksam seine Umgebung immer wieder mit dem Glas ableuchtend, auf dem Pürschpfad entlang zum heimatlichen Herd pürscht.

Der Bock steht wie versteinert und läßt den Mann nur wenige Meter von sich entfernt vorüberziehen. Als Otto – er hatte den Gelben nicht bemerkt – mich schließlich entdeckt und in ein Gespräch verwickelt, bin ich für einen kurzen Moment abgelenkt. Dieser Augenblick genügt, und der Bock ist verschwunden. Wohin – ich weiß es nicht. Mehrmals sitze ich noch an der Fichte und sehe hin und wieder den Gelben in dem schmalen Streifen, komme aber nie zu Schuß. Der Bock zieht schon bei gutem Licht kurz auf die Wiese, und bei Störungen steht er wohlgedeckt in der kleinen Gestrüppinsel und scheint sich dort sicher zu fühlen. Zu Recht – für eine sichere Kugel ist er stets unerreichbar.

Da mir die Angelegenheit nun zu dumm wird, drücke ich den Bock aus dem Brennesselhorst, in der Hoffnung, ihn im Abspringen erlegen zu können. Aber in einer riesigen Flucht ist er in der 21 verschwunden, und ein Schuß auf dieses flüchtige Ziel ist nicht möglich. Trotzdem nimmt er, wie ich schon am nächsten Abend bemerke, wieder seinen strategisch so günstigen Einstand an. Hier hilft also nur noch eine List.

Während ich mich erneut an den genannten Platz unter die Fichte setze, hockt der Haumeister an der Örtze weit entfernt, aber doch so nah, daß er mich mit dem Glas beobachten kann. Es ist kaum eine halbe Stunde vergangen, da bemerke ich den Gelben dort, wo ich ihn auch erwartete. Er hat wieder in den Brennesseln geruht, erhebt sich und beginnt vertraut zu äsen. Das ist der Zeitpunkt für mich, Otto das abgesprochene Signal zu geben: Ein weißes Taschentuch an der dem Bock abgewandten Seite der dicken Fichte markiert, daß der Haumeister nun gemütlich am Fluß entlang auf mich zuwandern soll. Als er schließlich auf meiner Höhe ist, nehme ich das Tuch fort.

Der Bock beobachtet den Mann aufmerksam. Erst, als er nun langsam den Fluß verläßt und auf mich zukommt, wie es verabredet war, wird der Bock unruhiger. Noch hält er aus in dem Gewirr der Brennesseln, aber offenbar ist ihm eine vom Fluß kommende Störung ungewohnt. Langsam, immer wieder verhoffend und nach hinten äugend, zieht er auf den Pürschpfad, auf dem er in meinem Schuß verendet zusammenbricht. Die List war gelungen, aber trotz allen Suchens nach erkennbaren Krankheiten stellen wir beim Aufbrechen nichts Auffälliges fest, weder wie erwartet Leberegelbefall noch sonst etwas. Und dann der Schreck: Vor uns liegt ein wirklicher Jährlingsbock.

Während Otto immer wieder verständnislos mit dem Kopf schüttelt, denke ich bereits an die Blamage, wenn ich mit meiner Beute nach Hause komme. Der Ärger ist wie erwartet, die Vorwürfe, daß ich diesen starken Jährling erlegt habe, treffen mich hart, und mein jägerisches Selbstbewußtsein ist arg in Mitleidenschaft gezogen.

Als ich am folgenden Tag das Gehörn abschlage und abkochen will, finde ich am Ansatz des rechten Rosenstockes das Ende einer Gehörnspitze. Offensichtlich ist bei einem Kampf das Stangenende eines Rivalen in den Schädel des Bockes eingedrungen, abgebrochen und dort steckengeblieben. Äußerlich war die Wunde bis fast zur Unkenntlichkeit verheilt, und im Schädelknochen hatte sich eine zähe, gallertartige Masse gebildet, die die kleine, wohl drei Zentimeter lange Gehörnspitze fest umschloß. Meine Reputation ist wiederhergestellt. Natürlich bedaure ich sehr, diese Verletzung nicht vorher bemerkt zu haben, aber immerhin hatten die Zeichen beim Ansprechen nicht getrogen und der Bock war richtig erlegt, auch wenn er nur ein Lebensjahr erreichte.

Vom Rand des Jagens 21 hat man, wie bereits beschrieben, einen weiten Blick über das Örtzetal. Einen Rehbock, vom Gehörn her eher unscheinbar mit seinen schwachen, nur andeutungsweise als Sechser ansprechbaren kurzen Stangen, sehe ich mehrfach weit draußen, wohl 200 Meter vom Waldrand entfernt, auf der Weide zwischen den jungen Bullen, die hier den ganzen Sommer über stehen, äsen. Da außer einigen Zaunpfählen keine Deckung vorhanden ist, um den Bock anzupürschen – weder ein ausgetrockneter Entwässerungsgraben, der sich zum Anrobben anbietet noch höhere Binseninseln –, überlege ich lange, wie ich ihn überlisten kann. Ein Problem sind dabei auch die Bullen, die jeden Ankömmling freudig und stürmisch begrüßen. Selbst, wenn sie in der hintersten Ecke der Weide müde im Schatten einiger Erlen dösen, bemerken sie auch den noch so heimlich anpürschenden Jäger, kommen mit zum Teil steil nach oben gerichteten Schwänzen in wilden Bocksprüngen angelaufen, umringen den Jäger oder Angler, der wahrscheinlich Abwechslung in ihr ansonsten recht tristes Weideleben bringt, und begleiten ihn, entweder auf der Weide umkreisend oder aber durch den Zaun getrennt in gebührendem Abstand, den Pürschpfad entlang, bis ein weiterer Zaun sie schließlich aufhält und man wieder ohne Eskorte weiterpürschen kann.

Lange überlege ich, wie ich näher an den Bock kommen könnte trotz der lästigen Rindviecher, und schließlich kommt mir die Erleuchtung. Ich mache mir das Vieh zu Verbündeten: Gebückt stehe ich auf der Wiese, dicht bedrängt von der unruhigen Bullenherde. Langsam bewege ich mich im Zickzack auf den Bock zu. Dieser äst vertraut im letzten Sonnenlicht und kümmert sich nicht im geringsten um die wild um mich herumhüpfenden Haustiere.

Näher und näher komme ich, und der Bock nimmt immer noch keine Notiz von mir. Schließlich erreiche ich einen weiteren Querzaun, lege auf einem Weidepfahl auf und versuche, den Ersehnten ins Absehen des vierfachen Zielfernrohrs zu bekommen. Meine Geduld wird aber noch einmal auf eine schwere Probe gestellt. Bullen links, rechts, hinter und vor allem vor mir. Mein Hut fliegt nach vorn, um sie zu vertreiben und somit eine „Schußschneise“ zu bilden, aber statt erschreckt davonzupreschen, bewinden nun gleich alle Bullen den fremden Gegenstand, glotzen neugierig und warten dann zwischen mir und dem Bock erwartungsvoll auf neue Aktivitäten. Ich bin der Verzweiflung nahe.

Schließlich entledige ich mich meines Hemdes und schleudere es weit hinter mich. Die erwartete Reaktion ist perfekt. Die ganze Herde stürmt nun schnaufend auf das ihnen unbekannte Flugobjekt, das nur fünf Meter hinter mir im Gras landet, und schon fällt auch der Schuß.

Kurz danach stehe ich, dicht umringt von meinen schwarzweißen Helfern, vor dem fünf- bis sechsjährigen schwachen Bock. Später taufe ich ihn den „Bullen-Bock“, obwohl die Bezeichnung bei denen, die die kurze Geschichte seiner Erlegung nicht kennen, anfangs stets wegen des wirklich kümmerlichen Gehörns Unverständnis hervorruft.

Eine andere Bezeichnung ruft ebenfalls Erstaunen bei manchen Jägern hervor, und zwar der „Egel-Bock“. Er trug ein verbogenes, porös wirkendes, kurzes, unregelmäßiges Gehörn, und nach der Erlegung stellte ich fest, daß er voller Leberegel steckte. Nach dieser erfolgreichen Morgenpürsch trete ich mit dem erlegten Rehbock auf den Schultern frohgemut auf dem Pürschpfad an der 21 den Heimweg an. Zwischenzeitlich ist es warm geworden, und so setze ich mich in den Schatten, nachdem ich meine Beute neben mir abgelegt habe. Während meine Blicke vom Bock aus langsam den Weg entlangwandern, den ich gekommen bin, bemerke ich einen Igel, der am Wegesrand, nämlich dort, wo ich kurz vorher gegangen bin, interessiert den Boden bewindet und sich dann auf meiner Spur nähert. Gute 20 Meter hat das kleine Stacheltier die Spur ausgearbeitet und gelangt nun an das Reh, um es intensiv zu beschnüffeln. Tatsächlich kann ich aus allernächster Nähe beobachten, wie der Igel sich bemüht, den Bock „anzuschneiden“. Mehrere Minuten lang dauert der erfolglos bleibende Versuch, während dem der Igel an der aufgeschärften Bauchdecke zerrt. Dann endlich trippelt er – nachdem ich aufgestanden bin – in das angrenzende dichte Gestrüpp.

Erst jetzt bemerke ich, daß beim Tragen des Rehbockes Schweiß auf meine Gummistiefel getropft war, der offensichtlich den Igel veranlaßt hat, der „wohlriechenden Spur“ zu folgen.

Herbst

Von Mardern und einem schwarzen Bock

Vor wenigen Tagen lag noch Schnee, es war kalt, und eine herrliche, verlockende, frostig-weiße Landschaft ließ das Herz schwer werden beim Gang in das tägliche Einerlei des Büros. Aber nur noch zwei Tage würde es dauern, dann begann das Wochenende, dann war Zeit, endlich wieder ins Revier zu gehen, die Voraussetzungen schienen günstig.

Am Donnerstag aber setzte Tauwetter ein. Abends begann es so stark zu regnen, daß ich einem Ansitz auf Sauen oder der Idee, dem erhofften Rotrock mit Hasenquäke oder Mausepfeifchen zu Leibe zu rücken, keine Chance einräumte. Ja, das geplante Jagdwochenende war buchstäblich ins Wasser gefallen. Zur Freude der Familie, die seit Monaten zu kurz gekommen war.

Es bleibt warm, es regnet. Die Sicht ist, durch den Dunst, der sich hartnäckig zwischen den Bäumen hält, schlecht. Trotzdem schultere ich den Drilling, verabschiede mich von Molly, meinem Rauhaardackel, der natürlich beim Anblick seines Herrn „in voller Montur" mit umgehängtem Gewehr und Jagdglas glaubt, seine Zeit sei ebenfalls gekommen und freudig an mir hochspringt. Der kleine passionierte Wicht tut mir im Grunde meines Herzens leid. Wie kann ich von ihm, der mich sonst auf meinen Ansitzen und Pürschgängen begleitet, mir stets das Wild, lange vor dem Austreten und bevor ich es sehe, anzeigt, Verständnis dafür erwarten, daß er heute nicht mit in den Wald hinaus darf? Ich will versuchen, auch wenn die Aussichten denkbar ungünstig sind, einen Fuchs zu überlisten, und beim Reizen mit der Hasenquäke oder mit dem Vogelangstgeschrei aber stört ein Hund. Zum Abschied streichle ich dem kleinen Kerl noch einmal über den Kopf, was mit einem unsäglich traurigen Blick aus den großen, dunklen Augen quittiert wird, dann schreite ich die regennassen Stufen der Freitreppe hinab.

Voller Hoffnung geht es die Eschenbahn entlang. Früher standen hier zahlreiche Ebereschen, und im Herbst zur Zugzeit der Wacholderdrosseln hatte mein Großvater hier noch Dohnen gestellt und die Krammetsvögel gefangen, wenn sie an den roten Beeren naschten. Sie waren förmlich gemästet, überaus schmackhaft und galten als wirkliche Delikatesse.

Versteckt, fast verschämt, leuchten vereinzelt noch Schneereste. Die Wagenspuren auf dem Weg sind hier und da noch hart gefroren, und dort, wo kaum Licht auf den Erdboden dringt, zeigen manche Pfützen sogar eine dünne Eisschicht.

Hier hatte ich vor vielen Jahren meine erste erfolgreiche Begegnung mit einem Baummarder: Der alte Wildmeister Mackerodt hatte mich zum Abfährten geschickt, um zu erkunden, in welchen Dickungen sich Sauen gesteckt hätten. In diesem Falle sollte kurzfristig eine Drückjagd im kleinen Kreis mit bewährten Schützen erfolgen. Kaum hatte ich die Eschenbahn erreicht, stieß ich auf eine Marderspur, die schon bald an einem großen Stoß Feuerholz endete. Axel, mein Dachsbrackenrüde, tanzte aufgeregt um den Haufen herum und streckte hier und dort seine Nase zwischen die lückig aufgeschichteten Hölzer. Ich entdeckte nach kurzem Suchen im unteren Bereich des Stapels einen Marder. Allerdings traute ich mir nicht zu, das Holz wegzuräumen und gleichzeitig schußbereit zu sein. So setzte ich den Hund vor eine Seite des Haufens und stocherte auf der gegenüberliegenden Seite mit einem Zweig, während ich in der anderen Hand schußbereit den Drilling hielt. Unverhofft schnell sprang der Marder direkt in Axels Fang, der ihn sofort abtat und sich um die Behänge schlug.

So kurz wie diese Marderepisode damals war, so lange dauerte eine andere, die ich ebenfalls mit Axel hatte: „Kamels Weideschuppen“ ist ein alter Viehunterstand an einer Koppel, wohl vier Kilometer entfernt von der nächsten Behausung, direkt am Wald. Dort hatte ich einen Marder eingespürt. Axel, geschnallt, brachte auch diesmal Gelbkehlchen unverhofft schnell zum

Springen, aber ich fehlte ihn doppelrohrig auf kurze Distanz, bevor er erneut im Schuppen verschwand. Vorsichtig trat ich in das Halbdunkel des schon damals baufällig anmutenden Gebäudes, erblickte den Marder unter dem Dachfirst und schoß in der Aufregung auf die kurze Entfernung erneut zweimal vorbei. Erschreckt sprang Gelbkehlchen in die andere Ecke des Gebälkes, wo ich ihn wegen der dort gestapelten, brüchigen Eichenbohlen nicht mehr sehen konnte. Enttäuscht zog ich nach Hause, denn es war mir zu gefährlich, allein im morschen Dachgebälk herumzuturnen, um den Marder lockerzumachen und gleichzeitig schußbereit zu sein.

Zu Hause berichtete ich und bekam vom erfahrenen Mackerodt einen guten Rat. Schon nach kurzer Zeit zog ich, einen altertümlichen, großen Wecker im Rucksack, zurück zum Ort des Geschehens. Dem Rat gemäß postierte ich diese laut tikkende Uhr im Schuppen ungefähr unterhalb der Stelle, an der ich Gelbkehlchen vermutete, so eingestellt, daß das schrille Alarmzeichen knapp eine Stunde später ertönen würde. Sodann entfernte ich mich geräuschvoll und kehrte rund eine halbe Stunde später so leise wie möglich zurück. Gespannt erwartete ich nun mit schußbereiter Flinte das Weckersignal.

Wie von dem alten Wildmeister vorausgesagt, sprang Gelbkehlchen Sekunden später, nachdem der Wecker geschrillt hatte, in panischem Schrecken vom Dach, landete nur wenige Meter vor mir auf dem Boden und wurde mit dem ersten Schuß von mir nun schon zum fünften Male erfolglos beschossen. Erst die sechste Garbe faßte ihn endlich beim Aufbaumen auf eine hohe Fichte. Das Leben verlierend rutschte er langsam an dem dicken Stamm herunter und wurde unten von Axel empfangen.

Diesen Trick mit dem Wecker haben wir verschiedentlich auch am Fuchsbau mit Erfolg angewandt. Das ständige Ticken der Uhr am Eingang einer Röhre bedeutet wahrscheinlich für Reineke keine ungewöhnliche Störung, aber wenn das Ungetüm plötzlich losrappelt, gehen dem Rotrock offensichtlich die

Nerven durch, und er verläßt hochflüchtig den Bau; wenn dann der Jäger auf der Hut ist, kann er Beute machen!

Zurück zur Eschenbahn: Ich biege nach links ab, verlasse den breiten Sandweg und bewege mich auf einem dicken Teppich von fast gleichfarbigem Laub, der Schritte und Geräusche dämpft. Die vermoderten Blätter erfreuten noch vor wenigen Monaten in ihrer leuchtenden Farbenpracht das Auge. Jetzt bedecken sie den Boden, gehen den Weg alles Irdischen, haben Platz gemacht und wandeln sich zu Humus und Nährstoff für neu sprießendes Grün. Aber das braucht seine Zeit, es dauert ein paar Jahre, bis die Nährstoffe in den Kreislauf von Werden und Vergehen wieder einfließen.

Die Äste der alten Fichten hängen noch regenschwer, nachdem sie erst vor kurzem ihre dicken Schneekappen abgeworfen haben. Dann ist er erreicht, der Sitz an der Gailbahn. Ein erinnerungs- und erfolgsträchtiger Hochsitz, von dem ich schon so manches Mal, meist allerdings in mondheller Winternacht, mit der Hasenquäke oder auch mit zartem Mäuseln einen Rotrock überlistet habe. Fast immer stand er schließlich auf das Mäuseln zu. Meistens lag Schnee, herrschte wirklich ideale Witterung zum Fuchsreizen. Aber heute?

Vorsichtig steige ich die glitschigen, grünbemoosten Sprossen der hohen Leiter hinauf, zwänge mich durch die enge Türöffnung der eigentlichen Kanzel und bin umfangen von der unangenehm stickigen Luft des dichtgeschlossenen Hochsitzes. Flink und so lautlos wie möglich sind die vier Klappen der Schießluken geöffnet. Kurze Zeit später ist die Luft frisch, und genußvoll atme ich die Waldluft ein.

Der Sitz steht auf einem Gestellkreuz, und drei breite Bahnen kann ich einsehen. Rechts und hinter mir befindet sich das Jagen 29, ein Bestand mit wohl dreißigjährigen Fichten, die seit längerem auf die zweite Durchforstung warten. Links vor mir breitet sich eine große Windwurffläche aus. Sie ist noch nicht wieder aufgeforstet. Wegen der weißleuchtenden Stämmchen der jungen Birken, der bräunlich schimmernden Erlen, angeflogenen dunkelgrünen Kiefern und helleren Fichten sowie Himbeer- und Brombeergerank übt sie einen eigenwilligen Reiz aus. Verzweigte Kronenreste, starke Äste und zusammengefallene Wurzelteller der vom Sturm geworfenen Bäume bieten dem Fuchs willkommene Heimstatt. Oft habe ich Reineke hier beobachtet, mich im Sommer so manches Mal an einem Geheck gefreut, wenn sich die kleinen, putzmunteren Kerle in der Sonne auf einer der wenigen, einsehbaren Freiflächen balgten.

Der Westwind, der während des Tages nachgelassen hatte, frischt wieder auf und bewegt die wenigen alten Überhälterfichten, die dem Sturm vor rund zehn Jahren getrotzt haben, einsame Riesen auf der großen Fläche, deren Kronen hin und her schaukeln. Mich fröstelt. Niederes Wild wäre nur – wenn es sich bei dieser Witterung überhaupt bewegt – auf den breiten Wegen auszumachen. Ich weiß das von vielen vergangenen, oft auch erfolgreichen Ansitzen nicht nur auf diesem Platz.

Der Drilling ruht auf den Knien, während ich aus meinem Guckkasten lausche. Einziges, für mich wahrnehmbares Geräusch ist das Brausen des Windes, es verschluckt selbst die normalerweise bis hierher hörbaren Laute des nicht sehr fernen Dorfes. Schließlich drücke ich eine Handfläche an die gespitzten Lippen, sauge die Luft kräftig und ruckweise ein, und das laute Quietschen des so nachgeahmten Vogelangstgeschreis unterbricht grell und durchdringend das Rauschen des Waldes.

Nichts regt sich um mich herum. Lediglich der Wind, der zwischendurch nachgelassen hatte, weht wieder stärker und bewegt die Äste der Fichten, die dies kurz mit leisem Raunen quittieren. Dann ist der Wind endgültig eingeschlafen.

Ob ein Fuchs in der Nähe ist? Ob er meinen Reizruf nicht nur vernommen hat, sondern auch ernst nimmt? Gespannt harre ich der Dinge draußen. Die Minuten schleichen nur zäh vorüber, die Konzentration läßt nach. Und wenn sich so gar nichts tut, dann kommt irgendwann der Moment, in dem man das zehnte Mal auf die Uhr schaut, denn mühsam tropfen die Minuten in die Stunde. Es kommt mir unendlich lang vor, bis es ganz allmählich dämmrig wird.

Es würde ein sehr langweiliger Abend, wenn man nur aufs Schießen aus wäre, ein Stück Wild zu erlegen, auch wenn das Beutemachen der Antrieb zum Jagen ist.

Schließlich nehme ich eine Bewegung wahr. Fuchs? Das Glas an den Augen, spreche ich einen kohlrabenschwarzen Bock an, der unruhig, immer wieder aufwerfend, über den Schlag zieht. Wenn er auf einer der kleinen Flächen, die frei von dichtem Unterwuchs sind, erscheint, habe ich ihn sofort im Glas.

Etwas Diabolisches geht für mich von schwarzem Rehwild aus, von dem matten Schimmer der tiefschwarzen Decke und den schwarzleuchtenden Lichtern, auch von dem schwarzen Bastgehörn.

Mutationen dieser Art sind in der norddeutschen Tiefebene nicht selten, auch wenn in unserem Revier schwarzes Rehwild recht unstet ist und normalerweise nicht sehr standorttreu. Da bei der Vererbung nach meinen Beobachtungen offenbar die Anlage zur roten Farbe dominiert, sind die schwarzen Rehe im Laufe der Jahre stets in der Minderzahl geblieben. An Wildbret wirken sie oft schwächer als rote, und das Gehörn entwickelt sich ausgesprochen spät. Mir will scheinen, daß sie erst mit sechs bis sieben Jahren ein Gehörn tragen, das an Stärke normalerweise dem eines roten Bockes von drei bis vier Jahren entspricht, also: Sie sind auffallend spätreif.

Der Schwarze vor mir scheint ein für diese Jahreszeit recht gutes Gehörn geschoben zu haben. Lauscherhoch, allerdings kaum vereckt, sind die beiden Stangen ungewöhnlich stark: Er prahlt, und wie! Aber auch wenn ich mir das gefegte Gehörn vorstelle, läßt mich der Anblick Beachtliches vermuten, und das spukt auch später noch durch meine Träume. Schließlich verschwindet der Schwarze, und ich hoffe wieder auf Meister Reineke.

Nach geraumer Zeit erschallt das Angstgeschrei erneut durch den Wald. Ehe ich mich wieder bequem zurücklehne, raschelt es. Wo, kann ich in der Aufregung nicht gleich ausmachen. Tatsächlich – dort sitzt etwas auf dem breiten, grasbewachsenen Weg und sichert zu mir herüber. Nicht Reineke, sondern ein Baummarder. Mit seinem Erscheinen hatte ich hier und jetzt nicht gerechnet. Nicht einmal sein charakteristisches Spurenbild hatte ich zuvor in dieser Ecke wahrgenommen. Ich merke mir im geistigen Hinterstübchen vor, hier demnächst einen Fangplatz vorzubereiten und später eine Falle, tunlichst ein Abzugeisen, zu stellen. Wo ein Marder ist, sind auch mehr. Nur bei guten Schneeverhältnissen sind sie sicher zu spüren, und in den letzten Jahren lag kaum Schnee. Man sieht dieses kleine Raubwild ja meistens nur zufällig.

Vorsichtig schiebe ich den Drilling durch die Hochsitzluke, aber da ist der Spuk schon wieder verschwunden. Irgendwo im dichten, schützenden Unterwuchs der vor mir liegenden weiten Fläche meine ich noch ein paarmal eine Bewegung zu sehen; aber sonst ist weiterhin Stille um mich herum. Also wiederhole ich mein Geschrei, aber dieses Mal leiser als zuvor, vorsichtiger, und warte mit schon angeschlagenem Gewehr. Nichts! Die Zeit schleppt sich wieder dahin, der Marder bleibt verschwunden.

Die Anspannung klingt ab, ich lehne mich zurück. Da sehe ich durch die linke Hochsitzluke plötzlich Bewegung in den Fichtenspitzen. Gelbkehlchen springt elegant von einem Wipfel zum anderen. Nur am Auf- und Abwippen der Zweige erkenne ich, wo er sich gerade befindet.

Bei dem noch ausreichenden Licht ist der schlanke, braune Wildkörper, der elegant und flink direkt auf mich zu turnt, gegen das dunkle Grün der dichtbenadelten Äste zwar immer wieder kurz auszumachen, aber selten frei für einen sicheren Schuß. Doch als Gelbkehlchen, auf gleicher Höhe wie mein Sitz, etwa zwanzig Gänge entfernt sichtbar ist, fällt mein Schuß, und von den feinen Schroten getroffen, verendet der Baummarder auf dem weichen Waldboden.

Ich bleibe noch einige Zeit still auf der Kanzel sitzen, lasse das Erlebte in mir abklingen, freue mich des Erfolges und baume dann ab, um den Marder mit dem leuchtendgelben Kehlfleck und dem dunkelbraun glänzenden Balg vom Waldboden aufzunehmen. Einen Marder auf dem Ansitz zu erlegen, wie oft hat man dieses seltene Glück?

Auf dem Heimweg kommt mir immer wieder der schwarze Bock in den Sinn. Von wo mag er gekommen sein, wo seinen Einstand haben? Letztlich behalte ich meine Beobachtung für mich, um nicht fremde Gelüste zu wecken, und nehme mir vor, mich vom sechzehnten Mai an intensiver im Jagen 29 umzuschauen. Bis dahin ist noch viel Zeit. Einige Male sehe ich den Schwarzen sogar, als ich nach einer günstigen Stelle für einen Marderfangplatz suche. Im April steht der Bock bereits blankgefegt auf den Bruchwiesen. Von dort bis zu dem Ort, wo ich ihn das erste Mal beobachtete, sind es gut fünfhundert Meter. Für unser Revier kommt mir der schwarze Bock, auch wenn die Vereckung nur angedeutet ist, recht stark und knuffig vor. Als Alter gebe ich ihm etwa fünf Jahre.

Inzwischen ist es bereits Ende Mai. Mein ganzes Streben galt bisher der Jagd auf diesen schwarzen Bock. Herrliches Sommerwetter herrscht, als ich wieder einmal mein Glück versuchen will. Fünf Tage hintereinander hocke ich dann vom späten

Nachmittag bis in die tiefe Dämmerung abwechselnd auf dem Gailhochsitz, an den Bruchwiesen oder an der Blöße im Jagen 29. Viel Rehwild beobachte ich. Zwei Schmalrehe treten jeden Abend zur gleichen Zeit aus. Man kann fast die Uhr nach ihnen stellen. Auch ein älterer Bock mit verbogenem Korkenziehergehörn, recht interessant und begehrenswert, erscheint regelmäßig zusammen mit einem Spießer, einem Jährling. Mir aber steht der Sinn nur nach dem Schwarzen, und so pardoniere ich den Korkenzieher mehrmals, allerdings mit sehr gemischten Gefühlen.

Heute begleitet mich Otto, unser Haumeister. Eigentlich ist es mir gar nicht recht. Aber eine passende Ausrede fiel mir nicht ein, um ihn abzuwimmeln. So sitzen wir vereint auf dem Gailhochsitz und hängen unseren Gedanken nach.

Was gibt es an so einem stimmungsvollen Sommerabend nicht alles zu beobachten, zu sehen und zu hören. Kiebitze gaukeln über die feuchten Wiesen. Ein Bussard, wahrscheinlich der, der seit Jahren seinen Horst in einer hohen Buche nicht weit vom Hochsitz entfernt hat, segelt über uns dahin. Kuckucke rufen, als Otto, der sonst recht wortkarg ist, plötzlich das Schweigen zwischen uns beiden bricht und von einem schwarzen Bock berichtet, den er entweder hier oder in der 29 fast täglich beobachtet hat. Mich trifft fast der Schlag. In mir bricht eine Welt zusammen – mein teuer gehütetes Geheimnis war gar keines. Der Haumeister wußte natürlich, daß ich mich seit dem 16. Mai vorrangig in dieser Ecke des Reviers aufhielt. Selbst auf die Gefahr hin, daß mein jagdliches Können und meine Beobachtungsgabe in Frage gestellt werden, spiele ich den Unwissenden und erfahre, daß auch Wilfried, der Sohn des Nachbarbauern, sich seit langem wundert, daß dieser Bock noch nicht erlegt worden sei, da er doch regelmäßig austrete. Anscheinend ist der Bock allen anderen gut bekannt, nur bei mir ließ er sich nicht mehr blicken.

Nach Schwinden des Büchsenlichtes schlendern wir nachdenklich nach Hause. Nebenbei äußere ich, daß ich mich ja gelegentlich mal um den Schwarzen kümmern könne und versuche, dabei möglichst gleichgültig zu wirken. Ich setzte mich noch häufiger auf den Schwarzen an, allerdings nicht mehr so heimlich wie bisher. Aber er kommt mir nicht, so oft ich auch im Revier bin. Hat er womöglich seinen Einstand gewechselt?

Wieder ist es ein Marder, der mich aus meinen Grübeleien reißt. Von Baum zu Baum holzt er, dann legt er einige hundert Meter auf dem Erdboden zurück. Ich kann ihn vom Gailhochsitz aus gut sehen. Eine breite Schneise zieht sich vom Bruchwiesenrand aus in den Wald hinein. Mehrere hundert Meter ist sie einzusehen. Der Marder hält sich stets in der Deckung tiefhängender Fichtenzweige. Ich mäusele ihn an. Aufgeregt flattert ein Eichelhäher von einem Baum zum anderen und schlägt Alarm. Mein Mäuseln läßt Gelbkehlchen kalt, es verschwindet im Bestand. Ab und zu sehe ich noch an den sich bewegenden Halmen und Gräsern, wohin der Paß führt: Richtung 29. Da ich sowieso gerade Urlaub habe, steht mein Entschluß fest: Dort kommt eine Falle hin. Schon als ich das erste Mal den schwarzen Bock gesehen hatte und dann den Marder an der 29 schoß, hatte ich mir ja vorgenommen, einen Schlagbaum dort zu bauen. Aber der Plan war noch nicht verwirklicht.

Dieses Mal hole ich mir erst einmal Säge, Hammer und Nägel von zu Hause und gehe gleich an die Arbeit. Zwischen einigen hohen Überhälterfichten am Rande der Blöße baue ich aus mehreren trockenen Lärchenstangen eine große, hochstehende Knüppelfalle. Da sie wegen ihrer Höhe nur sehr schwer zu verblenden ist, plaziere ich sie zwischen einer Gruppe von Kiefernkusseln, die vom Hauptweg aus nicht einzusehen sind. Ich nehme mir viel Zeit, die Falle für den Marder interessant zu machen, und fege gleich ein paar Fallenstiege, damit auch diese Arbeit nicht für den Winter verbleibt. Fängisch werde ich die Falle ja erst stellen, wenn im November die Bälge reif sind und die Jagdzeit beginnt.

Am nächsten Abend sitze ich wieder auf der Kanzel an der Abteilung 29. Jetzt erst fällt mir auf, daß der Marderschlagbaum ganz in der Nähe jener Stelle steht, an der ich den Schwarzen im Winter das erste Mal sah. Unverhofft erlege ich einen kümmerlichen Knopfspießer, nur wenige Gänge von der Kanzel. Er erscheint ganz unerwartet und von mir nie vorher gesehen. Aufgebrochen wog er lediglich acht Kilogramm und hat vermutlich den nicht sehr strengen Winter ohne Ricke überstehen müssen. Das Böckchen war außerdem stark von Rachenbremsen befallen. Der Windfang saß voll von diesen Schmarotzern. Eigentlich hatte ich geglaubt, das Rehwild, das ich fast allabendlich beim Austreten beobachtete, zu kennen. So kann man sich täuschen.

Noch ein anderer Bock steht mehrmals auf der 29. Es ist ein ganz passabler Abschußbock. Vom Gehörn her scheint er stärker als der Schwarze zu sein. Aber ich habe mir nun einmal den Schwarzen in den Kopf gesetzt und lediglich den Knopfspießer nebenbei mitgenommen, ehe er wieder in der Weite des Reviers untertaucht. Die Mitte des Junis ist überschritten. Die Bauern beginnen mit dem ersten Schnitt des Grases, und auch die Bruchwiesen sind, nach Wuchs und Wetter zu urteilen, demnächst dran. Doch der Schwarze hält sich mir verborgen; es ist wie verhext.

Dann sind auch die Bruchwiesen gemäht, das Heu eingefahren, und der zweite Schnitt wächst heran. Am Wochenende ist es drückend heiß. Mit der Angelrute wandere ich gegen Mittag zum Bruchbach, um mein Glück auf Äschen zu versuchen. Als Köder nehme ich Heuschrecken, unzählige hüpfen vor mir im braungelben, trockenen Gras davon, und es bedarf keiner Mühe, einige zu greifen und bei Bedarf auf den Haken zu ziehen. Erschrocken steigen zwei Stockenten auf, doch nehmen sie die Störung durch mich nicht sehr ernst. Noch in Sichtweite fallen sie auf der Mitte des Grabens wieder ein und rudern eilig an den Rand, wo ihnen spärlicher Schilfbewuchs Deckung bietet.

Während ich die Wasseroberfläche des träge dahinfließenden Bruchbaches beobachte und nach steigenden Fischen Ausschau halte, um den Köder entsprechend plazieren zu können, wandern die Augen ab und zu auch über die breiten Bruchwiesen – und da stockt mir fast der Atem! Ungefähr hundert Meter entfernt zieht ein schwarzes Reh. Ich spreche es ohne Fernglas sicher als Bock an. So zahlreich sind schwarze Rehe nun auch nicht, und ich weiß, daß es „meiner" ist. Er kommt in aller Ruhe aus dem benachbarten Staatsforst, überquert den Bruchgraben, daß das Wasser spritzt, verhofft an der anderen Böschung und trollt dann in die 29.

Natürlich bin ich am nächsten Morgen vor Tau und Tag auf dem Weg zu den Bruchwiesen. In den alten Eichen im Park rufen noch die Käuze, und bei werdendem Büchsenlicht sitze ich auf der Erle, genieße den taufrischen Morgen in vollen Zügen und hoffe auf den schwarzen Bock. Unter mir raschelt es. Anfangs vermute ich einen Hasen, aber dann blickt mich das bunte Gesicht eines Iltisses an. Etwas plump bewegt er sich von mir fort, bis ich mit gespitzten Lippen mäusele und er sofort zusteht. Es macht immer wieder Spaß, die Reaktion des Wildes auf solches Reizen oder Locken zu sehen. Am Fuß der Erle, von der ich gespannt nach unten schaue, windet der Stänker aufgeregt herum und verschwindet dann in einem Haufen von trokkenem Reisig; solange ich sitze, zeigt er sich nicht mehr. Auch den Schwarzen sehe ich nicht!

Bis zur Hirschbrunft pürsche ich noch so manches Mal auch in der 29. Als die heiligen zehn Tage, an denen wir uns ausschließlich der Jagd auf den Brunfthirsch widmen, vorüber sind, steht eine längere Auslandsreise bevor. Und so schwindet die Möglichkeit, den Bock noch in diesem Jahr endlich schußgerecht zu sehen und allzugern zu strecken.

Am nächsten Morgen muß ich abreisen. Das Auto ist gepackt. Als ich aus dem Tor rolle, kommt mir der Geländewagen eines Jagdfreundes, dessen strahlendes Gesicht Bände spricht, entgegen. Halten, kurze Begrüßung und dann ein Blick in den Kofferraum: Dort liegt er, mein Schwarzer! Soll ich lachen oder weinen? Die Zeit drängt, das Flugzeug wartet nicht. Ich kann noch fragen, wo denn der Bock gefallen sei? „Ich saß auf der Kanzel, auf der 29", führt er aus, „Richtung Westen stehen auf der Blöße einige kleinere Gestrüppinseln. In einer von ihnen steht so ein komisches Gestell, das aussieht wie eine Marderfalle. Dreißig Meter davon entfernt habe ich ihn geschossen."

Ungarische Puszta – starke Böcke, weite Schüsse

Eine riesige Staubwolke erscheint am Horizont, während wir auf dem geräumigen Lastwagen langsam durch die scheinbar unendliche Grassteppe rollen. „Wo Erd' und Himmel leise in eins zusammenfließen", bezeichnete der wohl berühmteste ungarische Nationaldichter Sándor Petöfi treffend dieses Gebiet seiner Heimat.

Es sind sieben Mähdrescher, die in dieser Einsamkeit zeigen, daß es doch nicht weit bis zur Zivilisation ist. Es riecht nach schnittreifem Getreide, nach Herbst, nach Ernte. Uns kommt ein Pferdefuhrwerk entgegen; ein kurzer Plausch zwischen dem Fuhrmann und unserem Fahrer, während ich vom Wagen springe. Der Boden ist hart und trocken. Das verdorrte Gras knistert unter meinen Schuhen. Schwärme von Heuschrecken flüchten davon. Nach kurzer Zeit geht es weiter.

Wir sind noch weit entfernt von den Männern, die mit ihren riesigen Maschinen den Weizen ernten, als Freund Roger einen Bock bemerkt, der in eine nur wenige Quadratmeter große „Unkraut"-Insel mitten im Getreidefeld flüchtet. Ein Jagdplan ist schnell gemacht. Während Roger und ich uns an erhöhten Posten verteilen, umschlagen unsere beiden ungarischen Führer zusammen mit Jagdfreund Willi die kleine Insel und versuchen, den Bock herauszudrücken. Es gelingt. Im hohen Weizen kommt er Roger. Unschwer ist auszumachen, daß dieser Bock ein biblisches Alter hat. Mit Trägerschuß bricht er verendet zusammen. Die Freude ist groß über den ersten Bock in der Puszta, der wohl acht Jahre alt ist, ein gutes Gehörn aufweist und einen sauberen Schuß erhielt. Begutachten, staunen, erzählen, schließlich aufbrechen; nach einer guten Stunde, als alles vorbei und der Bock versorgt ist, geht es weiter.

Vorbei an den romantischen, für diese Landschaft charakteristischen hohen Ziehbrunnen, vorbei an wohl manchmal über tausend Vögel zählenden Herden von Hausgänsen, werde ich an den wunderschönen Film „Ich denke oft an Piroschka", der zu meiner Jugend die Kinokassen füllte, erinnert. Und dann hat unser Führer mit seinen Luchsaugen erneut Rehwild entdeckt. Durch das Spektiv sprechen wir die beiden Stücke als Ricke und Bock an. Noch ist das Wild fast einen Kilometer entfernt, aber es ist nicht schwierig, näher heranzukommen, da uns ein tiefer, gerade wie mit einem Lineal gezogener Bewässerungsgraben beste Deckung bieten kann. Vorsichtig schleichen Carlo und ich gebückt voran. Drei Fischreiher, die wir nicht bemerkt hatten, als wir uns ihnen näherten, heben sich schwerfällig in die Lüfte, kreisen ein paar Mal über uns und streichen dann davon. Als wir meinen, mit dem Wild auf gleicher Höhe zu sein, schieben wir uns behutsam über den Rand der Böschung: nur achtzig Gänge entfernt, äugen die beiden Rehe in unsere Richtung. Ricke und alter Bock, spreche ich selbst ohne Glas an. Flink auf dem Knie aufgelegt, ist der Schuß raus. Gesund gehen beide Stücke ab, und erstaunt, ja fassungslos, verfolge ich sie im Glase bis zum Horizont. Weiß Gott, kein guter Einstieg! Ob sich eine so gute Gelegenheit während dieses Aufenthaltes noch einmal bietet? Zerknirscht wandern wir langsam zurück zum Wagen, der uns schon entgegenkommt.

Es geht weiter vorbei an Sonnenblumenfeldern. Die weit leuchtenden Schläge sind über fünfzig Hektar groß, eine Augenweide. Es ist immer noch sehr heiß. Kein Windhauch regt sich, und die Luft flimmert.

Während wir kurz im Schatten einiger Akazien Pause machen, stillt eine große Wassermelone unseren Durst. Bienenkörbe stehen am Waldrand, und kleine, fast schwarze Greifvögel schießen durch die Luft. Anhand eines Naturführers stelle ich später fest, daß es Rotfußfalken sind, die uns mit ihren rasanten Flugbildern ablenkten.

In der Ferne treibt ein Bock auf den Stoppeln. „Alt und stark", flüstert unser Führer und nickt aufgeregt, was soviel bedeutet wie: Den wollen wir uns schon einmal näher ansehen. Einfach ist das aber nicht. Manchmal ist der Bock, manchmal die Ricke von dem in hohen Schwaden liegenden, goldenen Stroh verdeckt. Wir fahren vorsichtig näher, aber der Bock scheint verschwunden zu sein. Auch nach einer Viertelstunde regt sich nichts, keine Lebenszeichen eines Stückes Rehwild. Langsam rollt der Wagen weiter. Wir meinen nun genau dort zu sein, wo wir noch vor einer kurzen Zeit den Bock haben treiben sehen, nichts! Für uns unerklärlich, zumal doch hier im weiten Umkreis keine Deckung vorhanden ist, die ein Reh verbergen könnte.

Erschreckt fahre ich zusammen, als links zwei Rehe, ganz nah von uns, flüchtig abspringen. Es sind zwei Kitze. Erleichtert verfolge ich sie durchs Fernglas, noch verwundert, wie gut ihnen doch das ausgedroschene Stroh Deckung geboten hat, da springen auf meiner rechten Seite ebenfalls zwei Rehe auf und preschen davon: Ricke und starker Bock. Ihre hektische Flucht kann ich noch lange durch das Fernglas verfolgen. „Superbock, Superbock", ruft unser Führer immer wieder kopfschüttelnd hinterher.

Langsam tuckert der Wagen weiter. Ein Volk Rebhühner purrt davon, und in der hier bereits gemähten Luzerne entdecke ich eine Ricke mit zwei unterschiedlich starken Kitzen. Es wird Abend, und auf der Ladefläche des Autos wird es empfindlich kalt. Da machen wir alle fast zu gleicher Zeit erneut zwei Rehe aus, wieder sind es Bock und Ricke. Vom Auto aus pürsche ich, gebückt im Schutze einer Reihe betagter Pappeln, näher. Dann allerdings läßt mich meine Deckung im Stich. Das Ziel meiner Hoffnungen steht für einen sicheren Schuß viel zu weit, mitten auf dem riesigen Luzernefeld. Deckung bietet jetzt nur diese Feldfrucht. Mir bleibt nichts übrig, als auf dem Bauch weiterzukriechen. Die Freunde sehen von weitem zu.

Vorsichtig, nur ab und zu den Kopf hebend, nähere ich mich dem Bock. Ein Sechser, hoch, gute Auslage und ungewöhnlich reiche Perlung: ein Bilderbuch-Bock! Durchs vierfache Zielfernrohr schätze ich immer wieder die Entfernung: zweihundertfünfzig, zweihundert, hundertfünfzig Gänge. Noch ein klein wenig näher schiebe ich mich, als die Ricke unruhig wird. Nicht mich hat sie offensichtlich entdeckt, sondern sie äugt nervös zum weit entfernt stehenden Wagen. Der Bock steht breit. Ruhig auf dem Knie aufgelegt, schieße ich, und er bricht im Knall zusammen. In hohen Fluchten geht die Ricke ab. Froh trete ich an meinen ersten wirklich guten und alten Ungarnbock.

Bis sich nach geraumer Zeit der Wagen, der wegen eines Grabens noch einen riesigen Umweg fahren mußte, endlich nähert, träume ich neben meiner Beute sitzend in den weiten klaren Abendhimmel, der sich in den schönsten Farben über der Puszta ausbreitet. Die Dunkelheit ist hereingebrochen. Wir fahren langsam Richtung Jagdhaus, vorbei an einsamen, verfallenen Gehöften. Laut kläffende Hunde springen uns entgegen. Wir sehen Gänse, Gänse, Gänse, soweit das Auge reicht, zusammengepfercht in notdürftig und nur improvisiert hergerichteten Gitterzäunen.

Am nächsten Morgen fahren die beiden Freunde wieder hinaus in die fast endlose Weite der Puszta. Sie sind zu sehr angetan von dieser uns allen ungewohnten Jagdart, als daß sie sich dazu hätten überreden lassen, mit mir in einem ausgedehnten Akazienwald zu pürschen. So trennen wir uns.

Mein Führer und ich parken nach einer halben Stunde Fahrt das Auto in einer schmalen Schneise. Tauben gurren hier und dort in den hohen Akazien, als wir das Auto verlassen und vorsichtig den Grasweg entlang Richtung Westen pürschen. Es ist diesig und hat stark getaut. Unsere Hosen sind nach wenigen Schritten bis zu den Knien völlig durchnäßt. Schon nach kurzer Zeit erreichen wir ein noch nicht gemähtes Luzernefeld, eingesprengt mitten in den Akazienwald. Es scheint ganz so, als sei hier mehr der Jäger als der Landwirt am Werk gewesen. Am Rande entdecke ich im Dämmerlicht mehrere zum Teil verfallene Hochsitze. Wir verschnaufen für einen Augenblick. Die Rehe sind offensichtlich noch nicht auf den Läufen. Als die ersten Sonnenstrahlen leuchtend in den grauen Morgen fließen, erscheinen hier und da Kopf oder Lauscher und dann auch kurz ein wahrhaft gekröntes Haupt: Das Haupt eines Bockes mit auffallend starkem Gehörn. Ehe wir aber die Gläser am Kopf haben, ist er schon wieder untergetaucht. Wohl eine halbe Stunde warten wir nun gespannt, bis das Reh endlich aufsteht. Es ist ein junger Kapitalbock – rot, kontrastreich hebt er sich gegen das frische Grün der Luzerne ab.

Wie spannend war doch diese Zeit des Wartens, in der mich das Jagdfieber bereits zu schütteln begann, obwohl kein Gedanke an einen Schuß bestand. Langsam pürschen wir weiter, vorüber an blitzenden Silberpappeln, vorbei an dichten Akazienbeständen; und immer wieder erblicken wir Rehwild, teils vertraut äsend, teils genießerisch in der stärker werdenden Morgensonne ruhend. Ab und zu melden Fasanenhähne, oder mit klatschendem Schwingenschlag streicht eine Taube ab. Einen Rehbock aber, einen mit einem begehrenswerten Gehörn, finden wir nicht. Auf mein Fiepen mit dem Akazienblatt steht noch nicht einmal, obwohl bereits Ende Juli, ein Jährling zu. Als die Sonne am höchsten steht, begeben wir uns langsam wieder zurück zum Jagdhaus.

Abends fahren wir erneut mit dem Wagen in die große ungarische Tiefebene. Fröhlich winkt uns ein alter bärtiger Magyare zu, Hüter einer großen Schafherde, die von mehreren Hunden höchst undefinierbarer Herkunft umkreist wird. Einige Störche lassen sich bei ihrer Nahrungssuche von uns kaum stören. Erfreulich, wie viele dieser Vögel es hier noch gibt, wo die Natur noch halbwegs ursprünglich ist.

Dann erreichen wir ein schmales, aber langgedehntes Luzernefeld. Der suchende Blick über die endlose Weite wird plötzlich gestoppt. Mit dem bloßen Auge nur als weiße Punkte erkennbar, bestätigt das Spektiv neun Trappen. Nie vorher hatte ich Gelegenheit, diese imposant großen, urigen Vögel, die bis Anfang der siebziger Jahre hier noch bejagt wurden, zu beobachten. Sie muten an wie ein Relikt aus vergangener Zeit. Dabei erzählt mir der Bruder meiner Schwiegermutter, daß er als junger Mann noch Trapphähne in der Hortobagy gejagt hatte, da dort die großen Bestände eine auch damals schon schonende Bejagung zuließen. Noch weit über tausend Meter entfernt von uns beginnen die schweren Vögel plötzlich zu laufen, bekommen Luft unter ihre Schwingen und heben vom Erdboden ab. Majestätisch streichen sie ab und entschwinden schließlich unseren Blicken; ein einzigartiger Anblick, den ich haben durfte.

Weiter geht die Fahrt an dem Luzernefeld entlang, als Freund Willi auf der anderen Seite, ein wenig verdeckt, ein Stück Rehwild ausmacht. Der Wagen stoppt. Es handelt sich um einen Bock, wie wir mit dem Fernglas bald feststellen, um einen abnormen Jährling mit verstellten Spießen. Man kann den Wildkörper eher ahnen als genau ausmachen, und ein sicherer Schuß ist erst möglich, wenn er einen kleinen Schritt nach vorne tut. Ich springe vom Wagen und finde in einem Gebüsch eine halbwegs sichere Möglichkeit um anzustreichen. Ich habe ihn im Absehen meines vierfachen Zielfernrohres, bereit, sofort zu schießen, wenn er weiterzieht. Er aber äugt gespannt in die Mitte des Luzernefeldes, und nun sehen wir auch, warum der Jüngling nicht weiterziehen möchte. Im Zentrum des großen Schlages steht rotleuchtend, mit gutem Gehörn prahlend, ein junger Sechserbock. Offenbar hat er den schwachen Spießer schon mehrmals auf Trab gebracht, so daß dieser nun gehörigen Respekt vor seinen Gebieter zeigt.

Die Zeit schleicht dahin. Während ich den jungen Spießer nicht aus dem Absehen meines Glases lasse, beginnen die Freunde auf dem Auto unruhig zu werden. Nach zehn Minuten tränen meine Augen. Trotzdem warte ich angespannt, daß der Bock aus der Deckung ziehen möge. Eine Viertelstunde ist inzwischen vergangen. Endlich, nach über zwanzig Minuten, fällt der für alle erlösende Schuß. Der Bock liegt im Feuer. Der junge Sechser zieht verunsichert, im Stechschritt, in das angrenzende Maisfeld, während mir Freund Willi ob des weiten Schusses anerkennend auf die Schulter schlägt, daß es schmerzt.

Als wir anschließend bei noch gutem Licht an einem Weizenfeld entlangfahren, springt, unverhofft für uns alle, direkt neben dem Wagen ein Bock ab. Offenbar haben wir ihn in seinem Nickerchen gestört. „Leuni, leuni!" ruft der Führer aufgeregt. Wir haben zwischenzeitlich gelernt, daß das auf ungarisch „schießen" heißt. Ich schreie den Bock an. Dieser verhofft, und Willi schießt ihm auf den Träger, stehend freihändig, auf geringe Distanz. Ein alter, abnormer Bock mit fast schaufelartig geformtem Gehörn liegt vor uns. Und die Freude ist verständlicherweise bei allen groß. Der Schuß hat zwei schwarze Milane hochgescheucht, die nun über uns kreisen, während Willi den Bock aufbricht.

Die Zeiger auf dem Zifferblatt stehen auf 19 Uhr. Vor 20 Uhr ist das meiste Rehwild, wie wir in den letzten Tagen festgestellt haben, kaum auf den Läufen. Kiebitze streichen im gaukelnden Flug vor uns ab. In der Ferne bewegt sich wieder eine riesige Herde Hausgänse, und das „Pitt-pitt-pitt" der Wachteln, deren Rufe uns jeden Abend und Morgen erfreuen, dringt nun ohne Pause an unser Ohr. Immer wieder hoppeln Hasen davon, und zahlreiche Fasanen, ganze Gesperre (allerdings ist nur selten ein bunter Althahn dabei) bringen sich eilig vor dem Wagen in Sicherheit. Luzernefelder, Maisschläge, Weizenäcker, zum Teil gemäht, zum Teil noch in der Frucht stehend, ziehen an uns vorüber.

Erst als es zu dämmern beginnt, haben wir wieder ein im Wildbret ausgesprochen starkes Reh vor uns. Ein alter Bock steht dort, allerdings gut und gern zweihundert Gänge entfernt.

Noch nie habe ich so weit ein Stück Rehwild beschossen. Soll ich? Noch zögernd springe ich erneut von der Ladefläche und liege flach auf dem Bauch im Gras. Der Rucksack bietet sichere Auflage. Schon ist der Schuß raus, und nach einigen wenigen Fluchten ist der Bock verendet. Langsam, mit nachgeladener, noch entsicherter Büchse gehe ich zum Anschuß. Trotz der schnell zunehmenden Dunkelheit erkenne ich auf den hellen Stoppeln blasigen Lungenschweiß und stehe kurz danach vor einem Rehbock, wie ich ihn mir selbst in meinen kühnsten Erwartungen nicht erträumt hatte.

Gegen die hellen Weizenstoppeln hatte ich die ebenfalls sehr hellen Enden des regelmäßig vereckten, starken Sechsergehörns nicht wahrnehmen können. Klobige Stangen, achtundzwanzig Zentimeter hoch. Das Gehörn, kurz abgeschlagen, wiegt später über sechshundert Gramm. „Bock gut, Schuß gut, Jäger gut", ist der freudige Kommentar meines ungarischen Begleiters. Wachteln melden nun um mich herum unaufhörlich, während ich den Bock versorge und die Dunkelheit völlig hereinbricht. Langsam tuckert dann der Wagen heimwärts.

Pürschfahrten mit einem Auto. Das hat nichts mit Romantik zu tun, die von einem gemütlichen Pferdewagen ausgeht. Auch in Ungarn haben sich die Verhältnisse geändert. Die landwirtschaftliche Bearbeitung ist großflächiger geworden, und das Rehwild hat sich darauf eingestellt. Die Fluchtdistanzen sind manchmal extrem. Nicht nur rein jägerisches Können ist gefragt, um zum Erfolg zu kommen. Es ist auch die Technik, sei es das Auto, sei es ein starkes Zielfernrohr oder die weittragende Büchse – Zeichen unserer Zeit!

Auf den Spuren der Alten

Auf der Welt gibt es gewiß viele Millionen von Rehgehörnen, aber unter all diesen gleichen sich wohl nie zwei so sehr, als daß man sie verwechseln könnte. Zweifellos erkennt man hin und wieder eine Veranlagung am Gehörn, sei es die Auslage, eine Besonderheit der Endenstellung oder ähnliches. Aber selbst hier ist noch nicht erwiesen, in welchem Verhältnis die Veranlagung von der Ricke stammt oder vom Bock vererbt wurde.

Es gibt Rehgehörne, bei denen der Kenner auf Anhieb deuten kann, woher sie stammen, und in manchen Revieren erkennt man mitunter über Jahre bestimmte Rehgenerationen an typischen Gehörnformen.

In der Eingangshalle meines Elternhauses hängt rechts von einem riesigen, mit hübschen Elfenbeinintarsien verzierten Braunschweiger Barockschrank eine Reihe von Rehkronen. Sie sind seinerzeit ganz kurz abgeschlagen und mit sehr kleinem Schädel auf quadratischen, schlichten schwarzen Brettchen aufgesetzt worden. Ich weiß, daß sie von meinem Großvater stammen, obwohl die verschnörkelte Schrift auf den Schädelknochen, die Auskunft über den Erleger, den Ort der Erlegung und ähnliches geben sollen, nicht mehr zu entziffern ist. Lediglich vereinzelte Buchstaben sowie unterschiedliche Jahresangaben sind noch zu lesen. Das Besondere an diesen Gehörnen ist, daß sie sich alle gleichen, fast wie ein Ei dem anderen. Zumindest das Erbgut eines Elternteils hatte sich offensichtlich immer wieder durchgesetzt.

Böcke, die ich mit wenig Anstrengungen, ohne Einsatz und mit geringem jägerischen Können erlegte, auch wenn sie mitunter noch so stark waren, sind für mich wenig erinnerungsträchtig. Aber wie immer im Leben gibt es wohl kaum eine Regel ohne Ausnahme. Zu diesen Ausnahmen gehört das Gehörn eines Bockes, nicht übermäßig stark, denn die sind in unseren Heiderevieren mit den leichten Sandböden rar, aber schon über dem Durchschnitt, ein Gehörn, das trotz wenig spektakulärer Erlebnisse seine Geschichte hat.

Laut Abschußplan war noch ein Rehbock zu schießen, den mein Bruder mir großzügigerweise freigab. Eine Woche habe ich Zeit, denn dann ist der 16. Oktober, die Schonzeit für männliches Rehwild beginnt.

Viele Jäger bestreiten zwar, „Trophäenjäger“ zu sein, aber an dem Datum 15. Oktober will niemand rütteln. Dabei kann man auch im Winter krankes, altes oder schwaches Rehwild, ob männlich oder weiblich, besonders gut ausmachen. Ansprechkriterien, die über einen gesunden Rehbestand weitaus mehr aussagen als das Gehörn einer einzelnen Blutlinie. Nun ja, auch ich schieße lieber einen Bock mit „etwas zwischen den Lauschern“ als einen, der bereits abgeworfen hat.

Am Familienfriedhof halte ich kurz ein. Der riesige Fels zum Gedenken an meinen Vater, der, als ich noch nicht geboren war, in russische Gefangenschaft geraten war und in Sibirien blieb, dann die mit dichtem Efeu bewachsenen und in jedem Winter zum Leidwesen meiner Schwägerin vom Rehwild abgeästen Gräber meiner Großväter und Urgroßväter mit ihren Frauen, Zeugen der Vergangenheit, die die Gedanken zurückgehen lassen. All die wunderschönen Grabsteine stammen aus der nächsten Umgebung. Immer wieder entdecken wir riesige Findlinge im Wald, die vorher nie ein Menschenauge gesehen hat, und immer wieder haben wir uns gewundert, wo sie hergekommen sind.

Nachdenklich setze ich meinen Weg fort. Anfangs will ich mich an die Margaretenbahn setzen, ein breiter Sandweg, umsäumt von schattenspendenden Erlen, deren dichtes Blätterdach kaum Licht auf den Boden dringen läßt. Später, kurz bevor der Weg in die Bruchwiesen mündet, stehen dann wieder links und rechts Kiefern oder Föhren, wie die Heidjer „ihre Bäume“

bezeichnen. Ich überlege es mir aber anders und lasse die Magaretenbahn links liegen. Den Schäferdamm entlang pürsche ich, den früher die Wanderschäfer benutzten, um mit ihren Herden aus der näheren Umgebung von Celle, unserer Kreisstadt, zu anderen Weidegründen in der Südheide zu gelangen.

Mit einem großen Satz überspringe ich schließlich den Graben an der Herrschaftlichen Bahn, und schon habe ich mein Ziel, das lockere Kiefernaltholz des Findelgeheges, erreicht. Eine Ecke am äußersten Ende des Reviers, die sich nur recht schwer bejagen läßt. Künstliche Äsungsflächen sind hier nicht vorhanden, lediglich einige schmale Sandwege, auf denen man mit viel Glück manchmal ein Stück Wild sieht. Um hier einen Bock zu schießen, benötigt man eine Menge Glück und Geduld.

Mehr zufällig erlegte ich hier einmal einen Rehbock, dessen linker Rosenstock gebrochen war. Die Stange war aufgrund der Verletzung über das linke Licht des Rehes gewachsen. Obwohl eine solche Abnormität ja sehr auffallend ist, konnte sich keiner der anderen Jäger erinnern, diesen Bock jemals vorher gesehen zu haben, und auch niemand wußte, woher er eventuell zugewandert war oder sich den Bruch zugezogen hatte. Ein Jahr später schoß ich kaum hundert Meter von der Stelle entfernt noch einmal einen sehr ähnlichen Bock. Auch ihm war die linke Stange druch einen Rosenstockbruch über das Licht gewachsen, und auch er war uns bis dahin unbekannt.

Mir ist klar, daß im Findelgehege weitaus mehr Böcke stehen, als wir alle vermuten.

Vor einigen Jahren war es. Seit Wochen hatte ich versucht, einen älteren Bock zu überlisten, jedoch ohne Erfolg. Er hatte seinen Einstand in einer mehrere Hektar großen Kieferndickung des

Findelgeheges, auf deren Brandschneise ich ihn zu Anfang der Bockjagd mehrfach beobachtet hatte. Dann hatte auch er „Feistzeit“ und blieb unsichtbar für mich. Spärliche Äsung fand er überall in der riesigen Dickung, und da mein Nachstellen erfolglos blieb, hoffte ich auf die Blattzeit.

Wochen später saß ich wieder einmal am Rande des Kiefernholzes auf einem Holzabfuhrweg, der dieses von einer jungen Kieferndickung trennt. Schon nach wenigen Fieptönen auf dem Buchenblatt schob sich ein Wildkörper aus der Dickung. Es war aber nicht der erwartete Bock, sondern ein auffallend schwacher Rotspießer. Auf meinen Schuß hin zeichnete dieser mit einer steilen, hohen Flucht und verschwand im angrenzenden lichten Bestand.

Es war später Nachmittag, und so pürschte ich fort, meines Schusses sicher, um nach gut einer Stunde zum Anschuß zurückzukommen. Lediglich Ausrisse verrieten mir, wo der Hirsch stand, als er die Kugel erhalten hatte. Ansonsten fand ich trotz intensiver Suche keinerlei Pürschzeichen. Irritiert schaute ich in die vermeintliche Fluchtrichtung und sah es zwischen den Stämmen kurz aufleuchten. Erleichtert bewegte ich mich in diese Richtung. Erst jetzt bemerkte ich, daß es ein Reh war und erkannte „meinen“ Bock, der da höchstens 50 Gänge von mir entfernt stand. Offenbar hatte er mich noch nicht bemerkt, denn er bewindete intensiv den gestreckten Hirsch. Vorsichtig versuchte ich den Heimlichen frei zu bekommen, aber er war durch Stämme und abgestorbene trockene Aststummel verdeckt.

Während ich mir die Schuhe auszog, um möglichst geräuschlos näherzupürschen, stand der Bock immer noch fast unbeweglich neben dem verendeten Wild, doch leichter Wind machte dann meine Bemühungen zunichte. Während ich gerade einen kühlen Zug im Nacken spürte, sprang der Bock schon schreckend ab.

Kurz danach stand ich an dem gestreckten Hirsch und machte mich ans Aufbrechen. Als ich mich aufrichtete und genußvoll reckte, wollte ich meinen Augen kaum trauen. Auf kaum zehn Gänge äugte mich „mein“ Bock an. Mehrere Sekunden standen wir uns unbeweglich gegenüber. Erstaunlicherweise hielt der Bock aus, bis ich die wenigen Schritte zu meiner Büschse gegangen war. Erst das Durchrepetieren schien er übelzunehmen und sprang wiederum schreckend ab. War es reine Neugier, oder war es die intensive Schweißwitterung, die den ansonsten so heimlichen Bock veranlaßte, seine übliche Scheu zu verlieren? In diesem Jahr sah ich ihn jedenfalls nicht wieder.

An einem grasbewachsenen feuchten Weg mache ich es mir auf dem Erdboden auf meiner Jacke sitzend bequem. Der Bewuchs ist recht hoch, und das Schußfeld dadurch sehr begrenzt. Von hier aus einen Rehbock zu bekommen, ist zu dieser Jahreszeit schwierig. Eine Leiter würde das Jagen erleichtern, sinniere ich. Mein Blick wandert von den hochschäftigen Fichten rechter Hand zu ein paar Erlen und bleibt dann an einer alten Eiche hängen. Mit dem Fernglas mustere ich den knorrigen Stamm genauer, da er mir für den Bau eines Hochsitzes geeignet scheint. In wohl sechs, sieben Metern Höhe dieses urigen Baumes entdecke ich, was mir vorher nie aufgefallen war, obwohl ich Hunderte von Malen unter ihm entlanggepürscht bin: einige mit der Zeit vermooste grüne Latten und Bretter.

Lange und nachdenklich betrachte ich diese Zeugen der Vergangenheit und bin sicher, daß vor vielen Jahren mein Großvater hier in der Eiche einen Sitz hatte bauen lassen. Was mag er von hier aus beobachtet, erlebt und erlegt haben? Ja, und wie mag der Wald hier früher ausgesehen haben? Die Nachbarforst wurde ihm damals zum Kauf angeboten, jeder Baum sollte einen guten Groschen kosten, hieß es. Damals aber wuchs in dieser Gegend in erster Linie Heide. Hochwald und Dickungen, so wie jetzt zumindest, gab es kaum, die Schnucken ließen auch kaum höheren Bewuchs aufkommen. Man erzählt, daß über 10 000 Hektar um die 3000 Goldmark kosteten, aber daß ein hannoverscher Offizier Schulden machte, um seinen Grundbesitz zu vergrößern, war um die Jahrhundertwende nicht üblich. So wurden die Parteien seinerzeit nicht handelseinig.

Es sind nur noch wenige Tage bis zum 16. Oktober. Warum versuchst du es gerade hier, in diesem fast chancenlosen Teil der Jagd, sinniere ich, wohl wissend, daß ich keinesfalls woanders pürschen werde. Für einen Augenblick sehe ich eine Bewegung. Ein Fuchs ist es, der am gegenüberliegenden Wegrand auftaucht, aber sogleich wieder im dichten Unterwuchs verschwindet. Allerdings nicht flüchtig. Wahrscheinlich hat er mich nicht bemerkt, denn der Wind steht günstig. Wegen der besseren Sicht setze ich mich nun auf der anderen Seite des Weges auf den erhöhten Grabenaushub, stehe noch zweimal kurz auf, um ein kleines Ästchen abzubrechen und harre dann der Dinge, die da kommen sollen.

Still und friedvoll ist es um mich herum. Nahe mancher Büsche oder Sträucher entdecke ich Plätzstellen und an ihnen alte, zum Teil schon vertrocknete Narben, die vom Fegen eines Bockes im Frühjahr herrühren. Das Vogelgezwitscher hat mittlerweile merklich nachgelassen, und nur noch vereinzelt und schwach sind einige der bekannten Stimmen zu vernehmen. Dann wird es plötzlich wieder laut in der Dickung hinter mir: Anhaltendes Zetern und aufgeregtes Schimpfen mehrerer Amseln – sie singen zu dieser Jahreszeit schon lange nicht mehr – setzt ein, Rotkehlchen, Baumläufer und Kleiber schimpfen. Dann zieht ein Reh über den Weg, ein Bock, wie ich im Glas feststelle, aber er ist gleich wieder im angrenzenden Bestand verschwunden, bevor ich das Gehörn näher ansprechen kann. Und dann ist das Büchsenlicht dahin.

Verständlicherweise habe ich mir für den nächsten Morgen einen Pürschgang wiederum ins Findelgehege vorgenommen, aber daraus wird nichts. Dick und grau liegt eine fast undurchsichtige Nebelschicht über Feld und Wald. Es vergehen drei weitere neblige Regentage, bis ich endlich wieder in diesen Revierteil komme. Die Kiefern rauschen eintönig in den Kronen, und manchmal biegen sich die alten Bäume und ächzen unter dem starken Wind. Plötzlich, wie hingezaubert, steht ein Reh auf der Schneise – ein Bock älteren Semesters.

Behutsam hebe ich die Büchse, und im Knall bricht er verendend zusammen. Als ich zu ihm trete und das Gehörn in den Händen halte, meine ich, eine ähnliche Rehkrone schon einmal gesehen zu haben. Die ungewöhnlich weite Auslage und die Biegung beider Stangen nach hinten erinnert mich an bereits gesehene Gehörne, aber trotz intensiven Grübelns finde ich keinen Zusammenhang.

Am nächsten Tag mache ich mir neben dem alten Lebensbaum vor dem Herrenhaus ein Feuer. Darüber hängt in einem zerbeulten Futtereimer das Gehörn zum Abkochen. Es ist kühl geworden, und ich gehe ins Haus. Ein Schnaps wird mir jetzt guttun. Auf dem Weg durch die große Halle fällt mein Blick wie zufällig wieder einmal auf die Reihe der Rehkronen meines Großvaters, die sich alle so ähneln, und ich stutze. Das Gehörn des Bockes, den ich Tags zuvor erlegt hatte und das nun draußen über dem Feuer kocht, würde sich in diese Reihe perfekt einordnen. Die Ähnlichkeit, ja fast Gleichheit, die ich später beim Nebeneinanderhalten erkenne, ist verblüffend.

Und nun, als ich mir zusammenreime, woher die Böcke stammen, kann ich auch die Schrift auf dem alten Schädelknochen fast mühelos entziffern: „Am Findelgehege“ steht dort. Die knorrige Eiche, unter der ich saß, mit den alten Brettern und Latten in ihrem Kronengeäst, sie steht ja, wie erwähnt, im Findelgehege.

Der Himmel weint – Diana lacht

Die Hirschbrunft ist vorüber. Das Rotwild ist wieder so heimlich geworden, wie es noch vor wenigen Wochen zur Feistzeit war, als die Vogelbeeren von der anderen Seite der Blöße, zu der ich vorsichtig pürsche, rot zu mir herüberleuchteten. Ich hoffe, auf dem Rückwechsel von den erntereifen Rüben einen geringen Hirsch oder ein Stück Kahlwild erlegen zu können. Vielleicht habe ich aber auch das Waidmannsheil, endlich jenem „Abschußbock" zu begegnen, dem wochenlang mein ganzes Pürschen und Ansitzen galt, heute am letzten Tag der Bockjagd.

Die ganze Nacht hindurch goß es in Strömen. Wie aus Kübeln hat es unaufhaltsam vom Himmel geschüttet. Nach langer Trockenheit und Dürre war in wenigen Stunden mehr Wasser heruntergerauscht als in den ganzen letzten Wochen. Der Himmel hatte seine großen Schleusen weit geöffnet. Jetzt nieselt es nur noch leicht vor sich hin. Dazu ist es kalt und nebelig geworden. Durchnäßt erreiche ich den Kahlschlag an der Margaretenbahn. Als ich es mir auf dem Jagdstock bequem machen will und mich kurz nach vorne beuge, läuft das Wasser von meinem großkrempigen Hut in einer kleinen Sturzflut herunter. Wieder und wieder versuche ich, mein ewig beschlagenes Glas mit dem schon sehr feuchten Taschentuch trockenzureiben. Wallende, grauweiße Nebelschleier lassen die Konturen der Umgebung im Augenblick nur als dunkle Silhouette erkennen. In den dicken Tropfen, die im allerersten Morgenlicht auf der Wiese weiß wie Reif glänzen, hinterließ mein Tritt dunkle Spuren.

Noch wandern dichte Dunstschwaden über den Kahlschlag, und das Tröpfeln des Regens auf die halbkahle Birke ist allmählich leiser geworden. Bald zaubert die aufgehende Sonne aus den an Halmen und Zweigen hängenden Regentropfen Myriaden von Smaragden und Diamanten. Ein kurzer Windhauch bringt nun auch Bewegung in dieses tausendfache Glitzern und läßt die feuchten Blätter der großen Buchen vor mir wie unzählige kleine Silberperlen aufleuchten.

Um Rotwild zu begegnen, ist diese Tageszeit wahrscheinlich schon zu weit fortgeschritten. Daß ein Stück Rehwild aus der vor Wasser triefenden angrenzenden Fichtendickung in die klatschnassen Himbeeren vor meinen ungemütlichen Sitz wechselt, im wahrsten Sinn des Wortes also vom Regen in die Traufe zieht, ist unwahrscheinlich. Aber warum soll Diana nicht einmal lachen, obwohl der Himmel weint? So harre ich fröstelnd aus.

Bis auf einen Zaunkönig, der im riesigen Wurzelteller einer im letzten Sturm gefallenen Kiefer nach Nahrung sucht, dabei immer wieder aufgeregt seinen kleinen Stoß steil aufrichtend, ist kein Lebewesen zu sehen. Sein ständiges „Tick-tick-tick" ist, außer dem einschläfernden Rauschen und Raunen der hohen Fichten und den von der großen Buche eintönig fallenden Tropfen, das einzige Geräusch, das an mein Ohr dringt. Auf dem Sandweg in meinem Rücken stehen in der Fahrspur kleine Wasserlachen, die durch die immer noch vereinzelt vom verhangenen Himmel fallenden Regentropfen in ständige Unruhe gebracht werden. Fasziniert beobachte ich die sich wieder und wieder bildenden Punkte, die sich in immer größere Ringe verwandeln.

Der krächzende Warnruf eines Eichelhähers reißt mich aus meinen Gedanken. Als ich meinen Blick in die Richtung wende, entdecke ich einen Hasen, der an den Trieben der wilden Beerensträucher knabbert. Mißfällt ihm das schlechte Wetter genauso wie mir? Er streift einige klitschnasse Zweige mit seinem Balg, schüttelt sich, so daß, einer funkelnden Wolke gleich, die Wassertropfen davonstieben.

Plötzlich erblicke ich vor mir wie hingezaubert einen glänzenden Wildkörper, der sich aus den Fichten schiebt. Ein Blick durch das leidlich klare Glas bestätigt mir, daß es sich um einen

Bock handelt; es ist nicht der lang erwartete, sondern ein anderer, mir fremder, jüngerer. Zwischen den Lauschern kann ich nur einen dünnen, nadelspitzen Spieß erkennen. Vorsichtig wische ich mein Zielfernrohr wieder notdürftig trocken und habe den Bock gleich darauf mitten im fast klaren Absehen. Der Schuß klingt sehr gedämpft, bedingt durch die feuchte Witterung, aber auch diesmal hatte das Geschoß aus meinem Repetierer sofort tödliche Wirkung, und während der Regen wieder stärker fällt, gehe ich langsam zu meiner Beute hinüber.

Meine Freude wird größer, als ich neben dem vorher angesprochenen, bleistiftdünnen Spieß eine mehr als daumendicke, stark geperlte weitere Stange, flach nach hinten gebogen und platt auf dem Haupt aufliegend, erblicke. Welch komische Laune der Natur! Dankbar und ein wenig stolz auf diese abnorme „Trophäe", breche ich mir einen Bruch.

Die Natur und meine Umgebung kommen mir auf einmal gar nicht mehr so grau und trübe vor. Alles leuchtet und schimmert sauber. Doch kaum habe ich den Bock aufgebrochen, öffnet der Himmel erneut seine Schleusen. Im Nu ist der schweißige Bruch an meinem Hut jungfräulich sauber. Ich streife den Nicker durchs regenschwere Gras und stecke ihn ein; Wasser schlägt mir ins Genick, die Brille beschlägt, der Körper dampft. Ich schwinge mir den Bock auf den Rücken, schultere die Büchse, greife mir den Stock und stapfe durch die rinnenden Schleier zufrieden heimwärts.

Methusalem – der alte Spießer

Auch dem großzügigen Jagdherrn sind bei der Freigabe von Wild an seine Gäste durch den behördlichen Abschußplan Grenzen gesetzt. In dem Jahr, als ich den alten Spießer schoß, hatte ich daher anfangs auch nur einen Bock im Revier meines Bruders frei. Dieser, so stellte ich es mir jedenfalls vor, sollte ein ungewöhnlicher, starker, uralter oder abnormer, auf jeden Fall ein ganz besonderer Bock sein. Allein vom Zeitaufwand ist er es dann auch geworden.

Schon seit Ende Mai sitze ich an jedem freien Wochenende, zum Leidwesen der alleingelassenen Ehehälfte und Nachkommenschaft, von Freitagnachmittag bis Montag früh im Wald. Rehe sind genug da, und kaum ein Pürschgang vergeht ohne guten Anblick. Einige Böcke sind auch vom Haumeister oder meinem Bruder bereits bestätigt, aber allesamt erscheinen sie mir zu jung. Ich erlebe herrliche Abende und Morgen und möchte keinen Moment in dieser besinnlichen und erlebnisreichen Zeit missen. Dann wird die Deckung höher und dichter, die Wildanblicke werden spärlicher, die Böcke heimlicher. Ich fürchte, daß ich zu wählerisch war und daher mich selbst um den Erfolg gebracht habe.

Die Vogelbeeren leuchten schließlich schon knallrot von der Eberesche als sicheres Zeichen, daß die Hirsche nun in die Feiste ziehen und in unseren von Menschen überlaufenen, unruhigen Wäldern viel Ruhe benötigen, will man sie bis zur Brunft in ihren Einständen halten. Ich weiß, daß der großzügige Jagdherr es ungern sieht, wenn man dann noch „unnötig" im Revier herumstapft. Die Blattzeit ist auf ihrem Höhepunkt. Ich vertraue auf meine Kunst in der verführerischen Handhabung des Buchen- oder Fliederblattes.

Es gibt einen großen, ja entscheidenden Unterschied zwischen diesen Lauten und den Tönen der nie ganz perfekten, dafür aber von verschiedenen Herstellern hochgepriesenen, metallisch oder hölzern klingenden Lockinstrumente. Allerdings hatte ich vor vielen Jahren ein Erlebnis, das wie Jägerlatein klingt und meine Theorie „Naturton“ kaum untermauert. Ich sah damals, als ich mit meinem altersschwachen Fahrrad auf einem breiten Sandweg zum Ansitz fuhr, im lichten Kiefernaltholz einen Bock treiben. Flink sprang ich von meinem Drahtesel und suchte Deckung hinter einer kleinen Fichte, in der Hoffnung, daß sich Bock und Ricke in ihrer wilden Jagd mir nähern würden. Unbedacht hatte ich das Rad so auf den Boden geworfen, daß sich das Hinterrad ungehindert weiterdrehte und regelmäßiges blechernes Quietschen erklang. Groß war mein Erstaunen, als der Bock von der Ricke abließ und in voller Fahrt zustand. Es war ein älterer, kurzstangiger, aber recht knuffiger Bock, und sein Gehörn an meiner Wand erinnert mich heute noch an dieses wohl einmalige wie unverhoffte Waidmannsheil.

Doch zurück in die Gegenwart. Bei glühender Hitze sitze ich gegen sechzehn Uhr, es ist der erste August – Aufgang der Hirschjagd – auf einer offenen Holzkanzel und warte. Irgendwo schreit eine Kuh auf der Weide minutenlang ihr langgezogenes, gequältes „Muuuh“ und scheint gar nicht wieder aufhören zu wollen. Dann endlich wohltuende Stille. Das kratzende Schaben von Wespen, mit ihren Beißwerkzeugen an der trockenen Holzwand des Hochsitzes verursacht, ist zeitweise das einzige Geräusch, das zu mir dringt. Gute Bedingungen für die Blattjagd, und so lasse ich den imitierenden Fiepton des Schmalrehes bald verlockend in die mich umgebenden Kieferndickungen klingen. Ich habe höchstens zehnmal geblattet, halte das Buchenblatt noch mit beiden Händen an meinen Mund gepreßt, da stürmt, einem roten Irrwisch gleich, ein Knopfbock, ein Jährling, in diesem Revier keine Seltenheit, direkt unter den Hochsitz. Bevor ich den Drilling am Kopf habe, bemerkt der Jüngling allerdings seinen Irrtum und springt erschreckt ab.

Obwohl das Erlegen dieses Bockes zweifellos richtig gewesen wäre, bin ich insgeheim ganz froh, daß er so plötzlich, wie er gekommen war, wieder verschwand. Ich wollte ja etwas ganz Besonderes erlegen. Kurz darauf erscheinen zwei Pilzsammler, die sich den komischen Vogel, der da im Baum piept, mal anschauen wollen. Sie sind allerdings sehr vernünftig und einsichtig und ziehen nach kurzem Wortwechsel mit freundlichem Gruß und einem überzeugten „Petri Heil" weiter.

Mir kommt es aussichtsreicher vor, den Ansitzplatz zu wechseln. So pürsche ich zu einer Windwurfblöße, an der eine Stahlleiter steht, um dort mein Glück zu versuchen. Schon nach den ersten Fieptönen erscheint im hohen Bentgras zuerst ein graues, ja fast weißes Rehhaupt, dann schiebt sich ein gelber Wildkörper verstohlen heraus. Zwischen den Lauschern erblicke ich lediglich zwei bleistiftdünne, kurze Spießchen. Ein Rehgreis, der seiner Figur nach wiederum zu einem Jüngling geworden war? Offenbar hatte er sich jahrelang so gut verstellt, daß niemand wagte, den Finger auf ihn krumm zu machen. Mich soll er nicht täuschen, rast es mir durch den Kopf, und schon ist die Kugel draußen. Zehn, zwanzig Fluchten stürmt der Bock in das dichte Gestrüpp. Dann kommt Ruhe in die hin- und hergepeitschten Sträucher und Gräser und verrät mir, wo der tödlich Getroffene zusammenbrach. Doch so einfach ist es nicht, ihn zu finden.

Zuversichtlich gehe ich nach der gebührenden Wartezeit zum Anschuß, den ich mir an einem markanten Randbaum leicht merken konnte. Dort leuchtet es mir auf grünem und grauem Untergrund rubinrot entgegen. Es liegt so viel Schweiß, daß ich hoffe, den Bock im Nachgehen schon nach wenigen Schritten aus dem Gebüsch ziehen zu können; aber das erweist sich als Trugschluß. Ich folge vorsichtig der hellroten Bahn, die der Schwerkranke auf seinen letzten Fluchten im dichten, dschungelartigen Wuchs hinterlassen hat. Auf einmal ist die Schweißfährte vor mir in der Dickung wie abgeschnitten. Ich kann sie auch nicht wiederfinden, als ich nun einen Bogen um diese Stelle schlage. Dann kehre ich wieder dorthin zurück, wo ich den letzten Schweiß fand, und überlege. Ich schlage den Bogen nun noch einmal um diese Stelle, Schritt für Schritt, und zwar diesmal sehr eng, und dabei stoße ich ganz überraschend auf den verendeten Bock. Er war in der Flucht über einem breiten, dichten Busch zusammengebrochen, so daß die Zweige über ihm wie grüne Wogen zusammenschlugen. Ich wäre wohl auch dieses Mal wieder vorübergegangen, ohne ihn zu entdecken, wenn der Busch nicht einen feuerroten „Kamm" gehabt hätte, der mich auf das Versteck aufmerksam machte.

Sofort irritiert mich trotz des eisgrauen Gesichtes der auffallend jugendliche Wildkörper. Ein Griff in den Äser bestätigt meine bange Vermutung. Der Bock ist zwei Jahre alt und nicht älter! Ein wirklich begehrenswertes Gehörn hätte er wohl nie geschoben, aber neben der Erlegerfreude macht sich doch ein klein wenig Enttäuschung bei mir bemerkbar. Trotzdem schallt das „Bock tot" durch den Wald. Mir ist allerdings ob meiner mangelhaften Ansprechkünste gar nicht froh zumute. Wie konnte ich mich so täuschen lassen? Mit gemischten Gefühlen ziehe ich im letzten Licht nach Hause. Ein schwacher Trost erwartet mich dort: Mein Bruder und ein weiterer, ebenfalls erfahrener und passionierter Jäger schätzen den Bock aufgrund des guten Körperbaus auf Anhieb ebenfalls auf fünf bis sechs Jahre, bis auch sie feststellen, daß er uns getäuscht hat.

Eine freudige Überraschung folgt. Ich bekomme unverhofft einen zweiten Bock frei. Sofort denke ich an einen ganz bestimmten. Ebenfalls ein Spießer, mit schräggestellten Stangen, diesmal aber wirklich, wie ich meine, von biblischem Alter. Aus diesem Grunde nannten wir ihn alle auch Methusalem. Otto Buhr, unser Haumeister, hatte ihn im Frühjahr bereits mehrmals gesehen und ich, allerdings nur schemenhaft im Dämmerlicht, bei einigen Pürschgängen ebenfalls. Seinen festen Einstand kenne ich seit Jahren: Eine riesige Windwurfblöße, die nur zum Teil wiederaufgeforstet ist und einer großen Gras-Gestrüpp-Wüste gleicht. Ihn hier zu Gesicht zu bekommen, scheint mir ein ebenso reizvolles wie schwieriges Unternehmen zu werden.

Auf der Nord-West-Seite der Fläche steht eine alte Holzkanzel, die bei Westwind für den Rückwechsel des Rotwildes von den Feldern einen geradezu idealen Stand hat. Hier hatte ich schon viele schöne Wildanblicke, und oft war mir auch Erfolg beschieden. Im letzten Jahr saß ich dort, um einen Hasen oder ein Stück Rehwild zu erlegen, als ein fünfköpfiges Rotwildrudel austrat. Ich hatte genügend Zeit, mir die einzelnen Stücke genau anzusehen. Zum Abschuß kam ein Schmaltier in Betracht, aber es dauerte länger, bis es wirklich freistand. Nach dem Schuß geriet das Rudel durch den plötzlichen Knall durcheinander, wußte aber wohl nicht recht, wohin es flüchten sollte. Da ich gedeckt saß und der Wind gut stand, hatte es mich nicht bemerkt. Das beschossene Stück lag im Feuer, und ich hatte routinemäßig sofort repetiert. Erst nach einigen Augenblicken begann das Rudel langsam davonzutrollen, und dabei bemerkte ich ein weiteres Stück, einen Nachzügler, ganz offensichtlich ebenfalls ein Schmaltier, das ich vorher nicht gesehen hatte. Als ich es im Glas hatte, sah ich sofort, warum es so verzögert folgte: Es schonte einen Lauf. In einer kurzen Lücke im Hochwald bekam ich das Blatt frei und schoß. Ein Zeichnen war in dem dichten Holz nicht mehr zu sehen, aber ich bemerkte, wie das beschossene Stück nicht dem Rudel folgte, sondern sich absonderte, wie es kranke Stücke ja häufig tun. Das Stück lag schließlich zwanzig Meter vom Anschuß entfernt. Zwischen den Stücken lag weniger als eine halbe Minute – eine Dublette? Man kann es so nennen.

Seit Tagen herrscht nun Ostwind und macht einen erfolgversprechenden Ansitz von eben dieser Kanzel unmöglich. Nun weiß ich aber von einer offenen Ansitzleiter aus Metall in einem anderen Revierteil, die dort kaum mehr benötigt wird, da die Kulturen, an deren Rand sie steht, in den letzten beiden Jahren solch hohe Triebe geschoben haben, daß sich darin ein Stück Rotwild ohne Schwierigkeiten ungesehen vor dem Auge des Jägers verbergen kann. Der Plan für das nächste Wochenende entsteht somit. Diese Leiter muß an die Blöße getragen werden, in der ich den Einstand des alten Bockes weiß, und zwar an die östliche Ecke, so daß der Westwind mir beim Ansitz ins Gesicht bläst.

Die praktische Ausführung meines Planes ist allerdings weitaus schwieriger als die vorangegangene Überlegung. Bei brütender Hitze erreiche ich am folgenden Wochenende fluchend und schwitzend die Stelle, an der die Leiter aufgestellt werden und mir zu erhofftem Waidmannsheil verhelfen soll. Noch habe ich das schwere Eisengestell auf dem schmerzenden Rücken, als mich das Gefühl beschleicht, daß mir irgend jemand bei meiner Schwerstarbeit zuschaut.

Jäger, die sich lange Zeit draußen in der Wildnis aufgehalten haben, kennen dieses Empfinden. Ich habe mich nicht getäuscht. Aus knapp dreißig Gängen Entfernung äugt mich aus dem hohen Bentgras ohne erkennbare Scheu ein graues Rehhaupt an. Unverwandt sind die großen dunklen Lichter auf mich gerichtet, bevor sich der Bock langsam in Richtung eines Birkengestrüpps bewegt, wo er sich meinen Blicken entzieht.

Ich bin wie betäubt. Meine Augen starren noch immer wie gebannt dorthin, wo der fahlgelbe Waldgeist soeben verschwunden ist. Sogar die Zentnerlast auf meinem Rücken habe ich für kurze Zeit vergessen. Was da soeben in den grünen Birken verschwand, war nämlich Methusalem, leicht habe ich auf die Entfernung hin, auch ohne Glas, die kurzen, nur andeutungsweise vereckten, etwas nach hinten gekrümmten Spieße ansprechen können.

Sofort kommt mir eine List in den Sinn, die sich schon

manchmal bei anderem Wild bewährt hat, und auf deren Erfolg ich auch bei diesem Waldgespenst hoffe. Ich werde, gleich einem harmlosen Spaziergänger, den Bock ganz einfach offen angehen. Aber vorerst sollen ein paar Tage vergehen, bis das Gras des Vergessens über die Störung gewachsen ist.

Die Woche schleppt sich viel zu langsam dahin. Im Geiste tanzt „mein" Bock auf jeder Akte im Büro, und ich kann kaum erwarten, wieder ins Revier zu kommen.

Starker Westwind begünstigt mein Vorhaben. Der Sturm hat nämlich in den ersten drei Wochentagen viel Obst von den Bäumen in unserem Garten fallen lassen, und ich kann meiner Frau mit all meinen Überredungskünsten klarmachen, daß man nicht den Keller mit Apfel- und Pflaumenmusgläsern zubauen soll, sondern einen Teil des Fallobstes auch dem Wild gönnen möge. Ob „die beste Ehefrau von allen" mein seit Tagen mürrisches Gesicht satt hat, oder ob sie beim Marmeladekochen ihre Ruhe haben wollte, weiß ich nicht. Auf jeden Fall läßt sie mich kopfschüttelnd mit einem großen Sack voller Obst für die Schwarzwildkirrung ziehen.

Alle Energiesparmaßnahmen mißachtend, brause ich in das ungefähr achtzig Kilometer entfernte Revier. Dort angekommen, rollt der Wagen auf dem breiten Sandweg bis zur Mitte von der mir nun schon so oft aufgesuchten Blöße. Von Rehwild keine Spur. Also erstmal zur Schwarzwildkirrung und die Äpfel abgeladen, um die Sauen von den Feldern abzuhalten. Erste Anzeichen der Dämmerung machen sich bereits bemerkbar, als ich zur Blöße zurückkomme, wo der gewohnte Anblick, nämlich kein Wild, mich einen Augenblick an dem Aufwand meiner langen Fahrt zweifeln läßt. Aber dann habe ich erneut dieses seltsame Gefühl des Beobachtetwerdens. Kurz entschlossen steige ich auf das Dach des Autos, um einen besseren Überblick zu bekommen. Diese ungewohnte Belastung quittiert der Wagen ungeniert mit einem lauten blechernen Knall. Das war nicht eingeplant.

Der ungefähr fünfzig Meter von mir in der sinkenden Abendsonne stehende Bock erschrak auch. Urplötzlich erscheint sein graues Haupt in meinem Glas, und ebenso abrupt verschwindet es auch wieder an derselben Stelle. Also schnell weiterfahren und den Wagen etwa fünfhundert Meter entfernt parken. Wenige Minuten später komme ich als Spaziergänger wieder zurück. Das Gewehr als Krückstock nutzend, pfeife ich (oh, wie überheblich kam ich mir später vor) nicht ein altes Wanderlied, sondern, meiner Sache sicher, vor lauter Übermut ein fröhliches „Bock tot“ in die klare Abendluft. Nichts rührt sich. Ich nähere mich der Stelle, an der ich Methusalem schon einige Male gesehen hatte und an der er auch vorhin wieder verschwunden war. Das Gewehr hebe ich, als ich die Stelle erreiche, in halben Anschlag – er soll mir nun nicht wieder entkommen! Doch mit des Geschickes Mächten ... der Bock ist nicht mehr da.

Ich ziehe immer größere Kreise, jeden Augenblick bereit, einen schnellen Schuß abzugeben. Da, auf einmal springt am Rande des Kahlschlages, knapp achtzig Meter von der Stelle entfernt, an der ich ihn zuletzt gesehen habe, mein so sicher geglaubter Bock über eine freie Stelle, ohne Gras und ohne Gebüsch. Instinktiv schreie ich ihn an, in der Hoffnung, ihn somit zum Verhoffen zu bewegen, wie ich es schon verschiedene Male auf Drückjagden bei Rotwild mit Erfolg getan habe. Auf diese Entfernung wäre er stehend noch ein verhältnismäßig leichtes Ziel. Aber es kommt anders ... Der Bock verschwindet mit auf und ab wippendem Spiegel im Schutz der Fichtendickung.

Methusalem beginnt aber nun, mich in meinen Träumen zu verfolgen. Am Tage, so bilde ich mir ein, turnt er schon auf meinem Schreibtisch herum. Ich fange an, das zu machen, was der Rest der Familie schon lange tut, an meinem Verstand zu zweifeln.

Albert Schweitzer antwortete einmal auf die Frage, ob er pessimistisch oder optimistisch sei: „Mein Erkennen ist pessimistisch, und mein Wollen und Hoffen sind optimistisch.“ Ich wäre glücklich, könnte auch ich dieses sagen.

Zwei Wochen vergehen, in denen ich mich in Norwegen der Rentier- und Schneehuhnjagd widmen kann – ein Hochgenuß, aber anstrengend –, ehe ich wieder in das vertraute Revier komme. Zwei Wochen Jagd in der herrlichen Fjordlandschaft. Selbst dort denke ich manchmal darüber nach, wie ich Methusalem doch noch überlisten könnte.

Wieder zu Hause wird mir klar: Es hilft nur noch ein Daueransitz, um zum Erfolg zu kommen.

Als ich endlich wieder auf der Stahlleiter sitze, ist es die Jahreszeit, in der man früher schon erste Vorbereitungen für die Hühnerjagd traf. Schwärme von Mücken sorgen dafür, daß kaum besinnliche Stimmung aufkommt. Die Stunden verrinnen nur langsam. Ich wage kaum, mich zu bewegen, beobachte aber aus den Augenwinkeln jede Veränderung auf der Blöße, wo mir mittlerweile jeder Grasbüschel und jeder Baumstumpf vertraut sind. Nach vier Stunden reglosen Sitzens vor mir eine Bewegung: Kein Zweifel, „er“ ist es! Der graue Kopf rührt sich nicht – starr wie eine Maske. Gerissenheit und Mißtrauen eines alten Bockes erscheinen in diesem Bild verkörpert, stocksteif, statuengleich äugt er mich aus seinen großen Lichtern an.

Eine Bewegung kann ich mir, will ich ihn nicht zum Abspringen bewegen, nicht leisten. Auch ohne Glas sehe ich auf diese kurze Entfernung das alt wirkende Gehörn und glaube ausgeprägte Dachrosen zu erkennen. Unverhofft verschwindet aber das Haupt wieder, und nur die Bewegung des hohen Bentgrases verrät ab und zu, daß Methusalem katzengleich weitergleitet.

Hat mich der Alte aus seiner sicheren Deckung heraus mehrere Stunden seelenruhig beobachtet? Habe ich ihn trotz größter Aufmerksamkeit und Vorsicht nicht bemerkt? Es ist zum Verzweifeln.

Vorerst ist es das letzte Zusammentreffen zwischen uns. Die Zeit vergeht, der September neigt sich langsam dem Ende zu, ich sitze und pürsche und pürsche und sitze. Dann ist auch die Hirschbrunft fast vorüber, ich aber habe den Bock nur zweimal für wenige Augenblicke kurz gesehen. Zu kurz und zu verdeckt, um einen sicheren Schuß abgeben zu können, aber oft genug, um meinem sinkenden Mut und meiner schwindenden Hoffnung wieder Auftrieb zu geben. Dann klappt es fast, aber eben nur fast. Der Bock erscheint im Dämmerlicht während einem der schon fast unzähligen Ansitze kurz im Himbeergestrüpp. Da er wieder zu verdeckt steht, klettere ich von meinem Eisensitz, auf dem ich seit Stunden warte, einem Eichhörnchen ähnlich, auf die leider sehr dünne Fichte, an der die Leiter lehnt, um besseres Licht und freies Schußfeld zu bekommen. Da ich aber eine Hand brauche, um mich an den schwankenden Stamm zu klammern, kann ich auch von dieser luftigen Warte aus keinen sicheren Schuß abgeben. Es bleibt mir nichts anderes übrig, als die schöne Aussicht von hier zu genießen und zu sehen, wie der Bock, obwohl er mich diesmal wohl nicht wahrgenommen hat, jede kleinste Deckung ausnutzend, gemächlich und doch vorsichtig in die angrenzende Dickung zieht.

Kurz vor Ende der Bockjagd verlasse ich eines Tages früh das Büro und fahre ins Revier, da vereinzelt noch ein Hirsch meldet und ich noch einen Geringen freihabe. Da Westwind ist, setze ich mich kurz entschlossen an die mir so vertraute Blöße auf die Holzkanzel, da hier um diese Jahreszeit gern Rotwild steht, um, wenn es zu dunkeln beginnt, zu den nahen Feldern zu ziehen. Die Schatten der hohen Bäume sind schon sehr lang geworden, da kommt eine Katze den Sandweg entlanggeschnürt. Natürlich gibt es kein langes Überlegen. Der Schuß meiner Büchse ist kaum verklungen, da hat der weiß-gelb gezeichnete Räuber sein Leben am Rande des Weges ausgehaucht.

Gerade habe ich es mir wieder bequem gemacht, als eine rote Bewegung nicht weit entfernt ein Stück Rehwild verrät. Ja, und der Rest ist schnell erzählt. Er ist es. Die letzte Chance des Jahres – ich nutze sie blitzschnell. Glücklich und doch sehr nachdenklich kniee ich nun vor dem uralten Rehbock. Sicherlich eine der Sternstunden meines Jägerlebens. Wieviel Zeit habe ich gebraucht, um diesen Augenblick auskosten zu können. Wie oft hat er mich genarrt, und wie viele Stunden habe ich ihm geopfert? Methusalem – wieviele Pürschgänge habe ich ihm gewidmet und erfolglos nachgestellt: Hundertfünfzig, zweihundert? Und doch möchte ich keine Stunde missen.

Als ich zum Himmel aufblicke, huscht ein heller Schein dahin. Eine Sternschnuppe – doch in diesem Augenblick habe ich keinen Wunsch mehr ...